息子としての相続

レガシー　オブ　サンシップ

Ricky Nieuwenhuis

リッキー　ニバネーズ

推薦：イーン・クレイトン

翻訳：益田マーク・敬子

"Legacy of sonship" 息子としての相続
Copyright © 2020

この版は2021年に発行されたものです

© Seraph Creative

ISBN 978-1-922428-72-1

Edited by Barbara Burke, The Silver Quill burkebarbara56@gmail.com

Cover and Layout Design by Lizzie Masters, Studio Nebula lizzie.studionebula@gmail.com

All rights reserved. 本出版物の一部または全部を、電子的、機械的、複写的、記録的、その他のいかなる形式または手段によっても、著作権者の事前の許可なく複製、検索システムへの保存または送信することはできません。

聖書の引用は、特に断りのない限り、New King James （ニューキングジェイムズ）聖書によります。

南アフリカで印刷

無断転載を禁じます。本書の一部または全部を、出版社の書面による許可なく、いかなる方法でも使用または複製することを禁じます。

Copyright © 2020 Ricky Nieuwenhuis, Elpida Ministries
elpidaministries@gmail.com.

Patreon:www.patreon.com/elpidaministries

目次

序文

1. どの様に始まったか?
2. 息子としての位置づけ
3. 権威の座
4. 火の中に踏み入れる
5. 祈りの答え
6. 責任をとる歩み
7. 宗教の霊
8. 国を治める
9. 恵みのゲートウェイ（出入口）
10. 霊の中での出会い

序文

　リッキーと知り合ってから10年近い歳月が過ぎます。彼は、私が知る限り、最も知的で、自信に満ち、洞察力に富んだ青年の一人です。彼のヤハウェとの旅は、来たるべき神の国とその政府機関のメッセージを伝える準備をする上で重要な意味を持っています。また、それはこの本の基礎を築いているヤハウェとの驚くべき体験へとつながっています。

　この本をお読みになる皆様にも、この天の領域の旅をあなた自身が深めるためのチャレンジ、インスピレーション、動機が与えられるのを期待しています。読み終わるまで本を置かずに、読み終えてからもまた戻って何度も繰り返し読むことをお勧めします。どうぞお楽しみください。

イーン・クレイトン　（Ian Clayton）
Son Of Thunder

はじめに

今回、この本を日本の皆さまに紹介出来ることを大変嬉しく思います。奥義の歩みを日本に紹介して早くも5年目になります。この期間に牧会者の方々から今の教会から奥義の歩みへの移行についての相談をされた事が何度もありました。

この過程を通られた一人の聖霊派の牧師の証と歩みを、今回の翻訳を通して紹介します。おそらく答えよりも、さらなる質問が出てくるでしょう。「奥義」の引用は、パウロの書簡では頻繁に出てきます。**コロサイ書1：27**「この奥義とは、あなたがたの中におられるキリスト、栄光の望みのことです。」（新改訳）この時代に明かされている啓示、新しいワインは現在の教会の皮袋/枠には、収めることは出来ません。

この奥義の歩みは、子なるキリストを通して、父なる神の完璧な贖いの御業の実体を明確な聖霊の啓示によって、霊の世界（神の国/天の国）を出入りしながら神の子/息子（ヨハネ1:12参照）として、キリストの身丈にまで成熟する歩みで、単なる現在の教会の枠に根付いた歩みでは、無くなって来るのです。

イーン・クレイトン氏によって、私たち夫婦も奥義の歩みが約15年前に始まりました。この学びと歩みは、今存在している教会の枠には収まりません。次元と領域が拡張し続けるからです。キリストの中に置かれた息子/神の子としての任務や責任を学びつつ、天の明確な実体を地にもたらすことを実践し歩んでいます。現在の教会の枠より更に先があるのです。お一人お一人がキリストの身丈に達したいという願いをもって、頭なるキリストにしっかりと繋がり、天にあるエクレシアとの共同体の実体を歩む集いです。天のブループリントに従い、プロトコール（神の国の礼儀作法）を学びながら歩むエクレシア（神の国の働きの為に集められた人々）です。

日本では、5年前からキリストの奥義の集いを定期的に持っております。共に学び、共にこの霊の世界/天の国の明確な実体を体験しながら交わっています。今、世界中で奥義を歩む方々が急増し、新しいエクレシア/集いが生まれています。新しい時代に世界が突入しているからです。神の息子たちの現れのはじまりです。

2022年　2月、カナダ、バンクーバー　益田マーク
交わり等に興味を持たれた方は、4okugi@gmail.com にご連絡下さい。

日本語で、この本を読まれる皆様へ、

リッキー・ニバネーズ氏の「息子としての相続」は、まさにこの時期に日本のために、神ご自身が備えて下さったと感じます。初めであり、終わりであり、唯一の神であられるお方、全ての全てである創造主なる神が、あらかじめご計画して下さったと思うのです。

リーキー氏同様に、私たち夫婦も約15年程前に奥義の父的存在であるイーン・クレイトン氏との出合いから、神の国の実体を生きる歩みが始まりました。クレイトン氏への深い敬意と感謝の思いは言葉では到底言い表すことが出来ません。

また、私たちの日本の奥義の集いでは、5年前に最初の海外からのスピーカーとしてジョセフ・スタージャン氏をお招きしたのですが、ジョセフさんからリンディ・マスターズ氏を紹介されました。そのリンディさんの義理の息子さんであるリッキーさんとジョセフさんは、実は最初に天で出会い、後に地上で再会したということも、ジョセフさんから聞き驚きと同時に、真に神の国で息子として生きる事への興奮を覚えました。それから数年を経た今、この本を手にした時に、これは教会から神の国への移行期にある私たちの現在の姿でもあり、具体的な適用と歩みについて書かれている数少ない本の中の一冊であることにも気づき、ぜひ日本の皆様にこの本を紹介したいという強い思いが起こされました。まさに、ヤハウェご自身が、今の日本のために準備し御計画して下さったとしか考えられません。

この本には、著者の牧師、良きクリスチャンとして通らざるを得なかった葛藤や苦悩と同時に、神の息子としての目覚めと選択により遭遇する神の国の実体と真理が赤裸々に綴られています。これは、もしあなたが神ご自身と真理をただひたすら求めているのであれば、あなた自身にも投げかけられているチャレンジです。あなたは、本当は何を求めて何のために地上生涯を送っているのでしょうか？

さて、日本語の聖書の訳では、ヨハネの福音書やローマ書をはじめとして殆どがが「神の子」と訳されていますが、多くの英語の聖書では「神の息子」となっています。ヘブル的に考えると、この書で語られているように、「神の息子」という言葉は、神様が願っておられる私たち救われた者の本来の姿や立場、それに伴う権威や働き、相続分を理解するうえでカギになります。また実際に、彼は「息子」として天からの歩みをしているために、多くの人々にとってはあまり耳になじみがない言葉も登場し

ますが、それらはまさに神の国の実体をよりよく表現している言葉です。例えば、神様のことをヤハウェ、あるいはイエス様のことをイェシュア、モーセがモーシェと書かれている箇所も多く登場しますが、これは著者がヘブライ語の重要性や周波数等の理解も深いゆえんでもあります。また、エンゲイジ（意図的に関わる）、トレード（交換/取引）等々、実際にあなたが天に行き、そこで学べば自ずと理解できることですし、聖書には既に出ている概念や表現でもありますから、どうぞ心を開いてお読みになって下さい。

　それなので今回の翻訳に際しては、著者の意図するところに忠実に、霊的な実体をより的確に日本語で表現することはもとより、この本を手にした全ての人たちが、この本に書かれていることを理解して実際に生きていけるようにという願いから、慎重に討論も重ねて日本語を吟味いたしました。そのために、同じ情熱を持ち、時間と労力を惜しまず注いで下さった荒川恵美子さん、荒川裕介さん、押川晶子さん、皆見一之さん、皆見秀子さんに、この場を借りて厚く御礼申し上げます。5年前より共に学び、天と地で実践しながら歩み続けている大切なこの5名の協力なしには、この日本語版は生み出されませんでした。

　この生きた本をお読みになった全ての人が、もう一度自分の心に問いかけ、神ご自身との深い関係から本来の自分のポジションである「神の息子」という立場に目覚めて、キリストによって裂かれた幕を通り天から、神の国の実体を地上でも生きはじめますようにお祈りいたします。なぜなら、それこそがキリストが十字架で完成して下さったことであり、十字架こそが私たちのはじまりだからです。福音とは、本来、到底人間の思いが及ばぬほどに素晴らしいものではないでしょうか。
　イエスキリストの十字架の御業と三位一体の神様の御名前が天でも地でも褒め称えられますように！

敬子
2022年　2月、　カナダ、バンクーバーにて

第1章

どの様に始まったか？

　私は、しばしば「どうして私は講壇に立って、牧会をするようになったのだろうか？」と自問します。正直にお話ししますと、8年ほど前は、教会の中に存在している運営のシステムに夢中になりすぎて、その教会のシステム自体が先に進めない限界になっていることに気づかなかった時期がありました。

　私はある教会の牧師でしたが、イーン・クレイトンの教えや彼が私たちにとってどのような存在であるかということを通して、真理を新しい角度で見始めるための入り口が開かれました。イーンが初めて私たちの集会に来たあの日、私はそれまでに見たことや聞いたことがない真理を目の当たりにしたのです。リンディ・マスターズ（＊訳者補足：彼女は、日本の奥義の集いでもメッセージをしています。）は、私の義理の母でもあるワイルド（自由奔放）で素晴らしい女性ですが、彼女が夫と一緒に長年牧会してきた教会を引き継ぐために、私たち夫婦には変化がやってきました。彼女は私に、「リック、私はもう一度集会をしたいの！ある人（イーン）に会ったの！これほど啓示の深みを語る人には、今までに会ったことがない。教会をあなたに引き渡す前に、最後の集会をしてもいいでしょう？」私は「もちろんです！」と答えました。

　私は、イーンが語った冒頭のメッセージを今でも覚えています。

「ノアの箱舟は船ではない。」というものでした。私にはその意味が分かりませんでした。「箱舟が船ではないとしたら、他に何があるというのだろうか？」私の頭の中は、「一体どうして、箱舟が船でないということがあり得るのだろうか？」ということで一杯だったので、集会の間、何も聞いていませんでした。私はずっとノアの箱舟は船だと教えられてきたのに、イーンが真理を説明し始めたのです。しかし、私にはそれが理解できませんでした。

　私の頭は、まだそこで話されていることを理解できなかったのです。それは、私がまだ明らかにされていない奥義を受け入れる心の準備が全くできていなかったからです。私は、自分が理解できる箱にヤハウェを押し込めていたことに気づかされました。

　私たちは皆、「神を知っている」と言います。神が誰であるか、どのように働かれるのか、次に何をされようとしているのか、自分たちの居心地の良い場所から出なくてよいようにして下さっているのを知っているのです。この旅を始めるまで、私はそう思っていたのです。ところがヤハウェは、奥義と呼ばれる領域との出会いを始めるための素晴らしい機会を私に与えていることに気づきました。　奥義とは、まだ明らかにされていない領域ですが、私たちに差し出されているものです。もし私たちがそれをしっかり握りしめ、自分の生活の中で意図的に歩み始めるならば、この領域が私たちの一部となっていきます。私は、イーンの人生から得られる全てのものを理解しようとしているのに気づきました。同時に、理解できないことは全部拒否していたのです。なぜなら、騙されたくないという思いがあったからです。理解していないのならば、それを受け入れることはできないと教えられてきたからです。

理解できないものを縮小して、私たちの理解のレベルに持ってきているのです。そうすることで、ヤハウェの完全な性質を私たちのレベルにまで縮小してしまっています。そして、2千年後には、教会の成長が止まり、停滞していることを不思議に思っているのです。

　私たちがヤハウェの奥義を受け入れていないのは、自分たちの理解を当てはめて、自分たちが思い描く姿に形作っているからです。それによってヤハウェがされようとしていることを、小さい人間の枠に縮小しているのです。

　積極的な信仰は、一定の場所に留まり続けている人たちを怒らせることにも気づきました。まだ言語化されていないものを追求し始めると、真っ先にあなたに非難の言葉を浴びせるのはこの人たちなのです。彼らは、あなたがなぜそれほどまでに喜びと命を内に秘めているのか理解できず、むしろそれが彼らを苛立たせます。その苛立ちがきっかけとなって、あなたを非難するようになるのです。なぜなら、自分がしたいと思っていることをあなたはしているからです。実際にはヤハウェが彼らに与えているものを満ち満ちた状態で生きていないのは、自分の人生を捧げきっていないからなのです。

　祈祷会で何度、「これ以上のものがあるはずだ！」と主に叫んで来たことでしょう。「主よ、もっと与えてください！」と叫んだこともあるでしょう。私たちは、自分が置かれている状況に満足していないために、まだ明らかにされていないものをヤハウェに求めているのです。これが、まさに私に起こったことです。ヤハウェはおっしゃいました。「リッキー、わたしはあなたの声を聞きました。その願いを尊重します。わたしは、あなたの祈りに答えて、イーンをあなたの元に送ります。わたしは素晴らしい神ですから！」しかし、それを

受け入れるどころか理解できなかったので、私はイーンを拒否しました。ヤハウェは、更におっしゃいました。「リック、あなたは『もっと下さい』と、わたしに求めました。それに答えて、わたしは**もっと**与えたのに、あなたはそれを拒否しました。今、していることを止めて、理解できないことに心を開いて向き合いなさい。それが出来れば、今いる場所に留まっていては出会うことの出来ない奥義にアクセスできる領域が、あなたに開かれます。」

聞いたことをすべて理解する必要はないのです。でも、あなたにはそれが出来ると思うのであれば、自分が信じていることを現すべきです。聖書を勉強し始めて、なぜ自分が腹立たしい思いをしているのかが分かりました。イーンが私を怒らせたのです。でもそれまで私は、自分の心が不快感を抱いていることさえ気づかなかったので、なぜそのように感じるのかを調べなければなりませんでした。

私はいつの間にか、自分の全人生を捧げようとしている宗教システムとトレード(交換/取引)をしていたことに気がついたのです。それは、何の見返りもないのに！

その言葉を聞いた瞬間、心の中で何かが起こり、もうそれを無視することは出来なくなりました。そして、自分自身に問いかけるようになりました。それが私に起こったことなのです。この新しい機会に関わった瞬間、私は自分の心に今まで関わったことのない領域を探索する能力を与えられたのですが、それは恐ろしいことでした。私たちの教会では、多くの人が「イーン・クレイトンには、二度とこの教会には戻ってきてほしくない。」と言っていました。牧師である私は、「ああ、わかりました。あなたた

ちがそう言うのであれば。」と答えていました。

　神がこの教会に対して望んでおられることではなく、人が求めるものに自分が譲歩していることに気がつきませんでした。その間違ったトレード(交換/取引)をして、周囲の人の為に時間や労力を注ぎ始めたのですが、神は私が通らなければならない過程をご存知でした。
　私の前にその時に開かれていた新しいレベルに踏み出すには、私が生涯をかけて培ってきたこと、ずっと教えられてきた古い世代の信仰体系である教義や教理には死ななければならなかったのです。

　私はイーンと彼の家族と一緒に過ごし、イーンがもたらす神のいのちと、この夫婦がヤハウェとの関係ゆえに歩んでいる愛を体験する特権が与えられました。その時、私はこの美しい家族が私たちのために払った代価に気づきました。私たちは、この素晴らしいカップルのおかげで新しい奥義の歩みを始めることができたのです。今の私は、このイーンの人生と、彼が私に注いで投資した努力の実なのです。

　イーンは、2012年から2015年にかけて定期的に南アフリカを訪れました。イーンと一緒に過ごすうちに、イーンが私たち夫婦との関係を望んでいたのは、私がどのような人間になれるかという可能性を見ていたからであり、それを受け入れるか拒否するかは、最終的には私が決めることなのだと気づくようになりました。イーンは、彼が私の中に見たものを私自身が見ることを願って、代価を払うことも厭わなかったのです。

　2016年、私は教えられたことを積極的に信じ始めました。いくつもの教えを集めて、これまでにないほど御言葉の中に自分を見るようになりました。信じられないことをすぐに裁くのもやめて、ただそこから生まれた実を見ると、

「これは本当のことに間違いない！」と思えたのです。そうすると、私の中である領域/次元が開かれ始め、それはとどまるところを知りませんでした。

妻は、私がヤハウェとの時間を過ごすことを知っていたので、オフィスの加湿器を作動させていました。私は、この出会いを自分の細胞の記憶の一部にしたいと思い、「奥義」「啓示」「理解」に意図的に関わり始めました。加湿器から漂う霧を眺めていたとき、私は手を伸ばして霧の中に手を入れました。ヤハウェは私に語りかけました。それは私の人生を文字通り変えた一言でした。「あなたはそれを手につかむことができないでしょう？それは、奥義の領域のようなものです。手でつかむことはできなくても、それを吸い込むことは出来るのです。」 私は加湿器に顔を近づけ、霧を吸い込み始めました。霧が肺に入っていくのを感じると、ヤハウェが再び私に語りかけてきました。「その霧は気体のH_2Oですが、それを吸い込むと液体になります。息子よ、それは啓示です！」

ヨハネの福音書7:38には、「わたしを信じる者は、聖書が言っているとおり、その人の中から生ける水の流れが流れ出る。」(NKJの訳)と書かれています。その流れは、どこから来るのでしょうか？その場所は、「奥義の次元」と呼ばれているところです。ヤハウェは、「かつて奥義であり、霧であったものが、あなたの中を流れる水、それが、今の啓示となった。」と語られました。ヤハウェは、これらの啓示が細胞レベルで私たち自身の一部になるまで、その啓示の場所に座っていることを求めておられます。それが自分のものになると、理解という具体的で確かな形となって私たちの内側から流れ始めるのです。

それは、自分の心を理解できない雰囲気の中に置き、それを吸い続けることで、水の流れが始まり、ゲートウェイ/出入口が開き始めるのです。

そうすれば、かつては奥義の次元にあったものが、自分の一部となって現れるのを体験できるでしょう。あなたを見ている人にとって、あなたが奥義となるのです。もちろん、まだそこに辿り着いた訳ではありませんが、これがまさに私の心の願いなのです。

　傲慢さは遠くからでもわかりますが、偽りの謙虚さは、毎週日曜日に教会の裏口から入ってきます。教会のドラマーを例に挙げて説明します。もし私がドラマーに「兄弟、あなたのドラム演奏は素晴らしかったですよ！」と言った時に、彼が「いいえ、僕じゃなくて、全部神様なのですよ。」と言ったとしたら（*訳者補足：殆どのクリスチャンがこのように言っていませんか？）あなたはどう思いますか？私なら、このように答えます。「確かに良かったけれど、神様が演奏したら、もっと素晴らしかったよ！」彼の答えは、偽りの謙虚さから出たかもしれません。しかし私はこの人を良く知っているので、実際のところ彼だったら、「ありがとう！感謝します！」と答えるだろうと思います。なぜなら、ヤハウェとの間で偉大な関係と親密さを求めるときに、彼はこれによってトレード(交換/取引)することができるのです。

　このドラマーが、「私ではなく、神様です。」と言い、偽りの謙虚さで歩んだ瞬間、神に対してトレードすることができません。そうではないのです。彼が演奏したのです。今日この結果が生まれるように努力を重ねてきたのは彼自身なのです。ですから、ヤハウェは彼の努力とその働きを称え、「ありがとう、私の息子よ。」と語られるのです。ドラマーは与えられた賞賛を自分のために受け取ったのではないので、より親密な関係とのトレード(交換/取引)が起こりえるのです。彼は自分のためではなく、ヤハウェとのより親密な関係とトレード（交換/取引）するために賞賛を受けたのです。私たちがそれをしないのは、それが不可能だと教えられてきたか

らです。私たちはいつか死んだら天国に行けるし、それまでは、この地球上での人生を乗り切ろうとしているただの人間だと教えられてきました。

　教会時代では、私たちはキリストが十字架で成し遂げたことを、偽りの現実の中で生きる様に教えられています。私たちは、自分の内にある恐れがわかっているので、怖くて真理に前向きに関わっていないのです。その真理に向き合うと、色々な気分を害することに直面しなければなりません。私は自分の人生に満足が無かったので、ヤハウェに私の気分を害してくださいとお願いしました。私は良いクリスチャンで、毎日、聖書を読んでいました。すべての項目にチェックを入れることができましたが、それは関係を土台としてではなく、宗教的な自らの働きや努力によって行っていました。息子/神の子として歩むということは、一生懸命に働くことや努力ではなく、主に捧げた生活を送り、すでに完璧に支払われた十字架の代価を理解して、門であられるキリストを通して天を出入りすることなのです。

　御言葉では、救いは罪人の祈り(悔い改めて、救いを得るために行う祈り)を意味しているのではなく、位置づけなのです。罪人の祈りはヤハウェの恵みのゆえに機能しますが、決して天国に行くためだけのものではないのです。救いは、神様に全てを捧げた人生で、それは天国を地上にもたらすのです。私たちが罪人の祈りをするのは、真理の現実を見ていないからであり、それがある種の安心感を与えてくれるからです。主を見た瞬間、なぜ罪人の祈りが必要になるのでしょうか？

　キリストのうちに置かれているあなたは、全く新しく創造されたもの、あるいは全く新しいものです。キリストのうちにあるとき、古いものは過ぎ去り、新しいものが来たのです。キリストのうちにあるとは、あなたは天の場所（複数）に座しています。これは告白しただけでは起こらないことです。

もしそれがあなたのクリスチャン生活の日々の歩みでないのならば、あなたはまだ聖霊の賜物の中でだけ活動していることになります。それは、成熟した息子たちのためのものではありません。賜物は、まだ未熟な状態の人々に、来るべきものへの食欲をそそるために与えられているのです。

例えば、あなたが癒しの賜物でミニストリーしていても、その賜物に頼る以外に何もしていなければ、あなたはまだ始まったばかりの場所にいることになります。まだ、それをどうやって自ら進路を取り進んで行くか、どうやって開くか、充分な時間をかけて確認する過程を経ていないのです。あなた自身が贈り物になるためには、贈物がどのように機能しているかを見る必要があるのです。

今、私たちは、賜物がかつてのようには機能しない季節を迎えていると思います。ヤハウェは私たち息子に、今持っているものを使って、向こう側（霊の世界）で新しいものになるように自ら航行する機会をたくさん与えて下さっていると信じています。私たちは聖霊の賜物に頼るだけでなく、自分たちが信じていることの現実を生き始めることができるのです。「神よ、どうかここに降りて来て、私たちを助けてください。」と祈ると、ヤハウェは「なぜあなたは天に昇って来て、私と関わらないのですか。」とおっしゃいます。

あなたが信じていることを明らかにし、それを解き放つのは、あなた自身なのです。数年前、私がワーシップをリードしていた時には、私は幕のこちら側にいたので、地上から天に向かいイエス様にこの場に降りて来て下さるようにお願いするのが中心でした。そのようなワーシップだと、必ずヤハウェに臨んできて助けて下さる様に頼みます。私は自分という人間に自信がなく、ヤハウェとの真の関係を持っていなかったので、自分が正しい道を歩んでいると感じるために、人からの承認が必要でした。預言者

の賜物を通してしか、私はヤハウェの声を聞いていなかったのです。そして私は、これが古い考え方で、新しくされていない思いであり、つまりヤハウェに来て全てをやってもらうように頼んでいるのだと気づきました。実際には、私たちは周囲のことに責任を負いたくないのです。
ヤハウェのような他の誰かに責任を負わせたいのです。私たちは、自分が祈ったときにそのようにならないと、ヤハウェに責任を押し付けます。「私たちは一生懸命祈り続けているのに、それさえもうまくいかないのです。」と。

　真理を見つめ始めた時、私は自分の人生の中で培ってきた教理がすべて制限された小さな一部であるのに気づきました。自分の言葉で明日を形作っていたのです。箴言18:21には「舌は生と死の力を持ち、舌を愛する者はその実を食べる。」（NKJの訳）とあります。事実、あなたは自分が告白したその実を食べることになるのです。

　もし、あなたが集会に参加して、「何もわからない、意味がつかめない。」と言ったとしたら、それはあなたが自分自身の未来を設定しているのです。次の日に目が覚めたとき、あなたには「わからない」という前提が既にできていて、「自分は、わからないから受け取れない。」と言い聞かせるので同じ結果になるのです。もしあなたが同じように言い続けるならば、次の教えも「わからない」という同じ結果になるのです。あなたが自分の宣言/告白によって自分の未来に枠をつくると、更にそれはあなたのDNAの中にパターン化されて、「自分には、理解できない。」ということがDNAのプログラムに組み込まれることになります。そうではなくて、「私は突き進んで、理解を深めます！」と告白/宣言すべきなのです。明日、目が覚めたときに、私の告白/宣言がポジティブなものになるように、このような枠を設定したいのです。

イーンの教えのすべてを理解しているわけではありませんが、年を追うごとに理解が深まっています。7年前には理解できず、むしろ反感を抱いていたことでも、今では確信を持って信じて教えていることがあります。私たちは栄光から栄光へ、一つの次元から別の次元へと成長しています。奥義に心を寄せるとき、私たちは信じていることの現れを体験する様になります。

　「神の家」が初めて聖書に登場するのは、**創世記28:11〜22のヤコ**ブの体験の場面です。この出来事を読むと、そこに物理的な建物はなく、広い野原の広い空の下にヤコブがいることに気づきます。**創世記28：17**では、ヤコブが「この場所はなんと素晴らしいのだろう。これは【神の家】にほかならず、これは天の門/ゲートである。」（NKJの訳）と言っています。私の古い考えと教会時代の教えでは、ヤコブが野原で見上げていると、奇跡的に空からはしごが降りてきたと信じていました。そして、天の領域から主の御使いたちが昇り降りするのを見て、ヤハウェが自分に語りかける声を聞いたと思っていたのです。

　私が参加した集会では、イーンがDNAの構造について教えていました。完全に理解していたわけではないのですが、私はこの教えに意図的に向かい関わり始めました。すると主の御使いたちは、ヤコブのDNAのはしごの上を文字通り昇り降りしているのに気がつきました。その出会いは、ヤコブの内側で起こっていたのです。イーンが私の目の前に、真理を置いたと気づいた時に、まだ完全な啓示はなかったにもかかわらず、私の中のすべてが生き始めてきたのです。ゲートとは移行するポイントで、ヤコブは文字通り、天使たちがアクセスするための出入り口となったのです。彼は神の国の領域/次元に自分自身を開放したのです。

創世記28:11（NKJの訳）には、「彼はある所に着いたとき、日が沈んでいたので、一晩休んだ。そこにあった石の一つを取って、それを頭の下に置き、横になって眠った。」とあります。なぜヤコブはもっと柔らかいものを探さなかったのだろうかと疑問に思い、この箇所を詳しく調べてみました。すると、その石は実は門であったことがわかり、衝撃を受けました。この物語は、たとえ話として書かれているのです。私は長年、ヤコブが頭を石の上に置いて寝ていたのだと思っていたのですが、この聖句の背後で霊と霊との関係を深めていくうちに、より深い洞察を得ることができたのです。私は、「ヤコブとは何者なのか？」と自問しました。

　ある特定のプログラムに沿って1年で聖書を読み切るのではなく、聖書を自ら航行するのは信じられないほどの興奮の連続です。読書計画の背後にある意図は良いものですが、生きている聖書が自分の一部になる啓示を受けなければ、読む意味がありません。私は、あなたがどれだけ多くの節を覚えているかということについては感動しませんが、あなたがどれだけ多くの節になっているかということには興奮を覚えます。そうなると、あなたは地球の表面を歩いて、何も言わずに物事を明らかにすることができます。なぜなら、あなたが生きた聖句になっているからです。

　私が部屋に入ると、神の国の息子としての自覚があるので、雰囲気が変わるはずです。私は、主の似姿に基づいて、恐るべく、くすしきほどに創造されています。「あなたはいったい誰で、どこから来たのですか？」と、人々が尋ねるべきなのです。

　私はウェールズに滞在中、ある出会いを体験したのですが、それを説明しようとしても適切な言葉が見つかりませんでした。地上の言葉は一番低い形のコミュニケーションですから、他の人も同じような出会いができる

ようにこの体験を異言で話して分かち合う必要があると思いました。日常で使っている言葉では、到底説明できない体験でしたので。山上でキリストの変貌を目撃した弟子たちは、キリストの顔を説明しようとしましたが、それを上手く伝える言葉がありませんでした。弟子たちは、自分たちが見たものを人間の言葉では説明できないので、「別の」という言葉を使うことにしたのです。「別の」という言葉には何の意味もありません。モーセの顔も、ヤハウェと過ごしたときに「別の顔」になったと書かれています。

　天使の領域について話し始めると、クリスチャンの多くは不快感を覚えますが、悪霊については天使たち以上に詳しく知っています。悪霊は嘘つきの父から来ているので、彼らが語ることはすべて嘘、偽りです。悪霊たちは、私たちが力を持っていることを知っているので、実際には偽りの現実を提供していて、私たちがその偽りを基に現状の枠を作り、組み立てていることになります。ですから、それ自体が偽りなのです。

　あなたが自分の人生に対するヤハウェの心の意図を知り、自分が今岐路に立っていると感じるならば、あなたは素晴らしい所に来ています。ここは、「ある特定のことは、決してあなたにはできない。」という嘘を信じるかどうかを選択する機会になります。もし、その嘘をあなたが信じることにしたら、その嘘の枠にそって、自分が歩く道を自分で作ることになります。もしあなたが、どんな状況にあっても、ヤハウェがあなたの心に語りかけた時の周波数/波長を思い出してそのことを選ぶなら、あなたは信仰によって自分の未来を描くことになるでしょう。これは、一定の場所に留まっている人たちを苛立たせる信仰です。積極的な信仰は、ある場所に留っている人たちを苛立たせるのです。

　パウロは、**ヘブル人への手紙11:1**で積極的な信仰について見事な説

明をしています。「さて、信仰とは、希望するものを確信し、目に見えないものを確かにすることです。これは古代人が称賛したことです。」（NKJの訳）パウロは、時間と空間の外に存在する神の国と、時間と空間の中に存在して私たちが生きている現実という2つの異なる世界について、たとえ話を使って教えてくれているのに気づきました。見ていないものに希望を持つことはできません。それでは単なる希望的観測になってしまいます。また、あなたが望んでいるものを見ていないと、自分の考えを何度も変えてしまうでしょう。一方、信仰は、望んでいることを目に見える現実として受け止めます。

　天使の領域と関わることが許されているという事実を何とか理解したところで、ヤハウェと私の別の旅が始まり、信仰が生きている存在/実体であることを示してくださいました。この啓示は私の気分をひどく害しました。その後、私のオフィスで出会いがありました。ある存在/実体が私の前に現れ、「私は、信仰である。」と名乗りました。彼は甲冑を身にまとい、青い光に包まれていました。彼は私に向かって、「私は信仰であり、イェシュアが来る前は救いだった。」と言いました。

　その言葉に、私は無性に腹が立ちました。

　信仰は、私を理解の小道へと導いてくださり、この様に語られました。「信仰によってヤハウェを信じた人は、死んだらシェオル（黄泉）と呼ばれている場所、またはアブラハムのふところと呼ばれる場所に行きます。彼らは信仰の存在があったからこそ、シェオル（黄泉）に行くことができたのです。」 この出会いの中で、信仰が自分自身を開いて見せてくれました。それは、信仰によって信じていたすべての人が、イェシュアが昇天されたときにイェシュアに移されたのです。**ルカの福音書18:8**にこう書かれているのはそのためです。「しかし、人の子が来たとき、地上で信仰を

見つけるだろうか？」(NKJの訳)　信仰が私に差し伸べた招待状を受け取れないでいたのは、私の古いままの思いが邪魔していたことに気づきました。自分自身の信仰体系が妨げていたのです。当時の私は、信仰が生きた存在/実体であることすら知りませんでした。信仰は、私が奥義の歩みに自分を捧げるようになるまでは、私の思いを尊重していました。その後、私の心の変化が表れた時に、信仰が私と関わりたいと言ったのです。そうして、私は信仰に対して尊敬の念を持ち始めました。信仰は私を時間と空間の外に連れ出し、より大きな実体の中に連れて行くことで、信仰に踏み出すとは、どういうことかを教えてくれました。信仰は私に「希望」を見せてくれました。私が「希望」の生きた存在/実体と関わっていると、信仰は私の証の巻物を見せる為に案内してくれました。私はそれを手に取りました。

　そして、信仰は私を時間と空間を超えた所から証の巻物と共に現在の場所に戻してくれました。神の国の領域で見た実体が、地上の領域ではまだ見ていないことの証拠だということを教えてくれました。希望と信仰が具体的に感じる生きた実体であるとなれば、文字通り、すでに起こったことの中を歩くことになり、それが自分の一部となり、自分が見たものを組み立てて行く歩みになります。もし見たことがなければ、希望を持つことはできません。なぜならば、「信仰の存在/実体」という握りしめるものがないからです。

　今、私は信仰という生きた存在/実体と親密な関係にあり、彼について新しいことを学んでいます。すべては、8年前にある男性（イーン）が私の人生に現れ、「あなたを怒らせたい！」と言ったからです。私は彼の申し出に応じ、8年後にはヤハウェが創造した最も素晴らしい存在たちと

関わっています。彼らはヤハウェの一部なので、私は彼らを追い求めます。私が信仰と関わる時には、同時にヤハウェとも関係しています。信仰はヤハウェの中にあり、すべての存在がヤハウェの中にあるからです。そのお方がヤハウェご自身なのです。

　あなたが信仰を必要とするとき、信仰の源であるヤハウェは、あなたに必要な信仰を与えるために、信仰という生きた存在/実体であなたを取り囲んでくださいます。あなたが信仰という生きた存在/実体と関わるとき、あなたはヤハウェと関わることになります。

　モーシェ（モーセ）がヤハウェに「ヤハウェの顔を見たい。」と叫んだとき、ヤハウェはモーセの前に「善」を通らせました。「善」は生きている存在/実体であり、「善」を敬うことはヤハウェを敬うことになります。私たちは、私たちと関わっている生きた存在を敬い、関係を深めていき、その中で息子(神の子)として機能していくべきなのです。

　被造物が息子たち*の現れ（*訳者補足：ローマ書8:19を参照。成熟した息子を意味する。）を、もう一世紀待ち望みつづけることがありませんように。聖霊は私たちの中にいて、被造物と一緒にうめき、ヤハウェは私たちが息子として現れるのを待ち望んでおり、イェシュアは父の右にいて息子たちが現れるようにとりなしています。この現れを、私たちが切望することで過程をスタートしましょう。

第2章

息子としての位置づけ

　息子たちとして、共に天の軍勢、四つの生き物、二十四人の長老、ガラスの海、ヤハウェの御座などと関わることができるように、私たちは心を整えて行く必要があります。私たちは心の意図を主の王国に向けます。私たちの思いがその領域を理解出来なくても、それが存在しないというわけでは決してありません。

　私たちは、神の国とそこにあるものに飢え渇いています。今までの古いワインでは満足できません。新しい種である私たちに現わされ解き放たれる新しい周波数と関わるにつれて、私たちのDNAは、私たちの周りで明らかである神の国の音に目覚めるでしょう。奥義を追求することに心を向けるとき、ヤハウェの真理の働きが、長い間私達を住みかとしてきた宗教体系、慣れ親しんで来たものを解体します。私たちがこのことを最優先して、自分たちの証の巻物を着実に歩んでいくならば、ヤハウェの領域が開かれていくのを体験していきます。（＊訳者補足：証の巻物は、各自の心にもあります。詩篇139：16や黙示録にも、巻物が出てきます。）

　前章では、私たちが心を向けることでアクセスできるヤハウェの王国の領域についてお話ししました。私たちは、ヤハウェの善に飽き足りることはありません。どんなに長い間話しても、このことからは信じがたいほどの金のかけらを常に得ることができます。これを追求し始めると、私たちの人生に

何かが開かれてきます。私の心からの願いは、あなたがこの教えに意図的に関わり、自分の人生にこれらの領域が開かれていくことをどれだけ真剣に求めているかを自分自身に問いかけて欲しいのです。

創世記28章のヤコブの出会いについてお話しましたが、それは「神の家」という表現が、聖書の中で初めて使われた箇所です。彼の出会いは、私たちの日常生活の中で起こりうるものです。ヤハウェの天の王国はヤコブに開かれ、彼ははしごのようなものを見始めました。私たちは、聖書に書かれている様々な事柄はたとえ話の形をとっていることを覚えておく必要があります。だから、私たちはそれと関わりを持つことが出来るし、また神の生きた言葉も私たちと関わりを持つ事が出来ます。もし聖書が本来の意味や意図通りに書かれていたら、おそらく混乱を招くことでしょう。

ヤコブが見たはしごは、自分の内部にあるDNAの構造の上にあり、それは地から天に向かって伸びていました。頭の知識を増やすためにだけ教えを受けるのではなく、神の国、霊の世界にある山が開かれて、それと関わり、その真理が自分の一部となるべきなのです。多くの人が色々な本を読んで知識を得ていますが、それを実際に生きている人たちは一体どれくらいいるのでしょうか？私が教えていることは決して新しいものではありませんが、私たちにとってはある意味では新しいのです。なぜなら、ヤハウェはご自分の民を見られ、私たちの飢え渇きに気づかれたので、主の山が開かれ、私たちが中に入り啓示に関わることが出来るようにされたのです。ヤコブのDNAの構造（はしご）は、彼の頭上にポートル（自由に出入りできる入り口）を開き、天の世界がこの世に入ってこられるようにしたので、主の天使たちが上り下りしました。ヤハウェの王国が地上に入ってくる唯一の方法は、私たちを通してです。この地上の王国、神の国、

天の王国は、全て聖書に書かれています。あなた自身でこれらを求めなさい。なぜなら、心の中にある何かが、常にそこにある真理を目覚めさせてくれるからです。これらの王国は、あなたのDNAの構造の中にあり、あなたが切に求める時にはいつでもそれらと関われるはずです。

地球の王国

地球の王国は、アダムが地球を治める責任を与えられ、エデンの次元/領域に設立されました。この地球の王国には、霊的な世界と自然界の2つの現実が存在します。これまで霊的な世界は天上にあり、自然界は地上にあると教えられてきていて、両方の次元/領域が地上では機能していることを理解していませんでした。

ヤハウェは霊であり、あなたはヤハウェの似姿に造られました。つまりあなたは霊であるということです。ヤハウェは、まず霊のものを創造し、次に自然のものを創造されたので、自然界で起こることは、しばしば霊の世界にも影響を与えます。ヤハウェは、まず霊のものを創造し、次に自然のものを創造されました。神はアダムに地を支配する権威をお与えになりましたが、その前に彼は霊の世界から生きて地上に流れるようにと意図されたのです。

南アフリカ共和国で起きていることを見るには、まず超自然の領域で起きたことが自然界で反映されていることを理解する必要があります。もし、あなたが救われていない人々で霊的な世界で活動している人たちに話したら、彼らは、こう言うでしょう。「自然界で効果を発揮するためには、血の犠牲を払って霊の世界の領域で取引をする必要があります。」一方で、教会はその次元/領域にはアクセスできないと言って、なぜ私たちの居る自然界が霊的世界から否定的な影響を受けているのかと不

思議に考えます。それは、わたしたち、息子たちがそこに行って治める方法を教えられていないからです。

神の国　（*注釈　王が統治している）

　神の国は、あなたがそこに行かなければ、あなたの中に流れては来ません。そこは信じられないような場所で、わたしたちが息子として関わるために与えられています。ですから、もしあなたが御霊の賜物で働いていても、神の国に関わっていないのであれば、あなたはヤハウェの恵みの延長線上で機能しているだけなのです。聖霊の賜物があなたをその場所、神の国に引き寄せることもできます。

　聖書は、さまざまな箇所で賜物について語っています。**ローマ人への手紙12:6〜8**には、「私たちは、与えられた恵みに応じて、それぞれ異なった賜物を持っています。もし人の賜物が預言であれば、その人の信仰に応じてそれを用いましょう。もしそれが奉仕であれば、その人に仕えさせ、もしそれが教えることであれば、その人に教えさせ、もしそれが励ますことであれば、その人に励ませ、もしそれが人々に貢献することであれば、その人に貢献させましょう。人の必要を満たすのであれば、惜しみなく与え、リーダーシップを発揮するのであれば、熱心に治めるように。あわれみを示すのであれば、喜んで行うように。」（NKJの訳）

第一コリント人への手紙12:4〜11には、「賜物にはいろいろな種類がありますが、聖霊は同じです。奉仕にはさまざまな種類がありますが、主は同じです。働きにはさまざまな種類がありますが、同じ神がすべての人にそのすべてを働かせてくださいます。今、一人一人に、共通の利益のために、御霊の現れが与えられています。ある人には御霊によって知恵のメ

ッセージが与えられ、ある人には同じ御霊によって知識のメッセージが与えられ、ある人には同じ御霊によって信仰が与えられ、ある人にはその一つの霊による癒しの賜物、別の人には異言の解釈があります。これらはすべて一人の同じ御霊の働きであり、御霊が決められたとおりに、それぞれに与えられるのです。」（NKJの訳）

これらの賜物が教会に与えられたのは、**エペソ人への手紙4:11～13**に書かれているように、私たちが担っている神の国の政府/ガバメントの働きを理解できるようになるためです。「ある人には使徒、ある人には預言者、ある人には伝道者、ある人には牧師と教師をお与えになったのは主です。私たちが信仰と神の子についての知識において一致し、成熟するまで、キリストの体が建て上げられるように、神の民を奉仕の業に備えるため、"キリストの満ち満ちた身たけに達するまで。」（NKJの訳）これらの賜物は、私たちが今いる場所にとどまるために与えられたものではありません。大多数の信者は、今の場所、地球の王国より先にある霊の世界が私たちに与える強い影響力を理解していないために、この場所に留まっているのです。

結果的には、私たちが神の国で動くとき、それが私たちの人生にある政府の現れになるということに気づかないまま、教会は地球の王国に座っているのです。神の国と天の王国は私たちの内側に存在していて、共に弧（＊訳者補足：契約の箱の上のケルブが両方から羽を内側に向けることで描かれたような弧）を描くことで限られた領域の支配の場が生まれ、私たちが異なる領域で機能し始めることができるのです。

癒しの賜物を例に挙げてみましょう。もしあなたが神の国に住んでいないのであれば、神の国の領域が効果を発揮するためには、病人に手

を置いたり、物理的に何かをしなければなりません。これは、ヤハウェの癒しの賜物があなたに与えられているから起こるのですが、もしあなたが神の国から行動しているであれば、何もしなくても、あなたの影さえも癒しを与えるのに十分な権威を持っているのです。賜物は、人々をヤハウェに導くために与えられたものです。賜物で働いている人が自分達のミニストリーを築くためのものではありません。

天の王国と天

天の王国は天そのものではありません。しかし、あたかも天から任務を行っているかのように同じ権威を与えてくれます。これは、統治の領域です。**ローマ人への手紙8:19**には、「被造物は、神の子らが現われるのを心待ちにしている。」（NKJの訳）と書かれています。被造物が完全な状態に復興回復されるためには、あなたが天の王国の政府機関から働くしかないのです。地球の王国では、あなたは聖霊の賜物で働いていますが、聖霊の賜物は常に、あなたの内側に既に存在している神の国の政府組織から動き出せるようにあなたを促し導くためのものでした。

天の王国は、あなたがしるしや不思議を見る場所です。私がこの統治の領域に座っていた時、ヤハウェは私を天に連れて行き、私に息子としての地上の統治の領域について教え始めました。ヤハウェは、私を通して、しるしや不思議を起こしたいと願っていることを示されました。弟子たちは命さえ危うくなるような嵐の中で、イェシュアが船の中で眠っていたので、イェシュアを起こしました。イェシュアは天の王国から行動していたので、嵐を静めたのです。そして、彼らに向かってお叱りになりました。それは、なぜでしょうか？ 彼らはイェシュアと共にず

っと歩いて来ていたので、天の王国で活動するときには、権威が彼らに与えられることを理解させたかったのです。主は、彼らを通して、しるしや不思議を起こしたかったのです。

危機的な状況や悲劇的な状況に陥ったとき、主の救いに出会ってその状況から救われることがあります。後日、同じような状況に陥り、断食して祈っているにもかかわらず、ヤハウェが助けを求めても答えてくれないように思えることがあるかもしれません。そのような場合は、最初に与えたものと関係して、ヤハウェがあなたを新しい季節に移したいと願っておられるのかもしれません。それは、あなた自身が支配の領域で権威を持って語り、そのことによって答えが実際に現れるのを見て、今度はあなた自身がそこから動き始めることを願っておられるのかもしれません。ヤハウェは、あなたが望むものを与えるよりも、むしろあなたの成長と成熟に関心があるのです。

私たちが祈る必要があるのは、ヤハウェと一緒に時間を過ごし、ヤハウェの王国がどのように私たちに開かれるかを見たいからであって、ヤハウェに何かを求めるためではないことがあります。私たちの祈りの時間の大半は、リクエストという形で行われます。また、断食が必要な時もありますが、それはヤハウェから何かを得るためではなく、断食が私たちの体に与える影響を見るためです。

これらのすべては、信仰によってアクセス（出入り）出来ます。地上の王国と神の国は、賜物の延長として繋がれる領域/次元です。教会はこの領域/次元に座っています。私のこれまでの生涯はこの場所から、牧師の一人として認められたいと願い生きてきました。なぜなら、他の方法では神に近づくことができないと思って来たからです。天の王国の領域/

次元で活動し始めると、統治を学び始めます。つまり、その場所に座って統治することになります。あなたの上に天の政府が置かれているので、創造物はあなたに近づき始めます。（訳者注釈：天には、神の政府組織、ガバメントの組織が存在し運営されています。）

創造物は、あなたや私が話す言葉でコミュニケーションをしません。私たちは自分たちの間でコミュニケーションをするために言葉を用いますが、創造物は私たちの口からではなく、私たちの存在そのものから発せられる音を聞いているのです。例えば、ある部屋に入ったときに、気まずい関係の人がいるとします。その人は、「こんにちは。会えて嬉しいです!」と挨拶しますが、あなたの内側ではなぜか釈然としないものを感じるかもしれません。それはなぜでしょうか？つまり、相手が言ったことと、その人が発している周波数が一致していないからです。私たちは生活の中では、信念の体系やDNAの構造等を通して、全てのものがある種の音を発しています。それは神の国のものであるかもしれませんし、古い思いであるかもしれません。いのちか、死のどちらかであるかもしれませんが、音を発しているのです。

天の王国は、私たちの上に座っています。**創世記28:12**には、「彼は夢を見て、地の上にかかっているはしごがあり、その上が天に達しているのを見た。」（NKJの訳）と書かれています。ここでは、ヤコブのポジション（位置）があったからこそ、天の国の領域で起こっていたことが地上で確立されたのです。天の王国は、地上でのあなたのポジションを通して現れてくるのです。それは、あなたという人間のDNAの構造を通って流れてくるのです。

ヤコブは次に、これは「天国の門」だと言います。門とは、移行点のこ

とです。文字通り、霊の世界、神の国の世界と自然界、地球の王国2つの世界の移行点です。天の王国では、ヤハウェが御座に座って絶対的な支配権を持っておられます。天国に行ったことのない人たちが教会で教えてきた天国は、天国の全てではありません。

それは、私たちが住むべき次元/領域、私たちが行くべき次元/領域への意欲を与えるものとして聖書を通して教えられ、模範とされてきました。**ヘブル人への手紙4:16**に書かれているように、私たちには天に入るための招待状が送られています。「それでは、確信を持って恵みの座に近づこうではありませんか。困ったときに助けてくれる恵みがそこにはあります。」（NKJ の訳）　私たちは、DNAを通して上に行き、頭上に存在している天の領域/次元と関わることができます。

ヨハネは、**黙示録4:1〜11**に記されている、ある遭遇を体験します。彼は天の開かれた扉の前に立っていましたが、それはつまり移行点だったのです。ヤハウェは、ラッパのような声で彼に語りかけ、「ここに来なさい」と招きました。その音の周波数がヨハネに響いたことで、ヨハネは御霊に包まれ、御座に近づくことができました。

聖句は、私たちが理解できるように全てたとえで書かれています。もし、「主の声がラッパのように聞こえた」と書かれていて、そこで終わっていたら、ヨハネがどのようにしてそこに行ったのかわからないままです。王国のことは、私たちが今まで教えられてきたこととは全く違いますが、それでも私たちをここまで連れてきてくれた土台は素晴らしいものです。

ヤハウェの御座の周りには、24の御座があり、24人の長老が座っていました。それぞれの長老は、私たちが探究できるさまざまな領域へのゲートキーパー/門番です。私たちがそこに行くならわかります。私たちは、日曜日

に様々な形で動機を高める教えを聞いて気分を良くしていますが、天が周波数で私たちに呼びかけているのです。「天に昇って来なさい！私と関わりなさい！」そうしたら、クリスチャンの生活に退屈することなどはありえません。何故、あなたは御言葉の中で時間を過ごさないのですか？天の周波数であなたを呼んでいるのにも関わらず、何故、あなたはそこに行かないのですか？

　御座の前には4つの生き物がいて、それぞれ違う顔を持ち、6つの翼があり、目で覆われていました。もし天の王国にあるものに関わらなければ、やがてそこに行ったときに恐ろしい思いをすることになります。自分がどこにいるのか疑問に思う人もいるでしょう。生き物たちは、絶えずヤハウェに栄光と名誉と感謝を捧げています。私たちは、彼らからヤハウェに向けて発せられる恍惚の叫びを、「聖なるかな」という言葉に置き換えています。私たちが「聖なるかな」と言うとき、また被造物が「聖なるかな」と言い、生き物が「聖なるかな」と言うとき、24人のゲートキーパー/門番（あるいは長老たち）たちは、栄光から流れるもののためにひれ伏します。彼らは、私たちが古いままの思いや状態で使っていても、「聖なるかな」という、その言葉が発せられるのを待っています。

　私は自分の最善を尽くして、神を礼拝する生き方をしています。それは単に歌い賛美することではありません。また、集会中に楽器を使った演奏に参加することでもありません。礼拝とは、あなたの全存在としての状態なのです。私は交通渋滞の中で運転しているときにも礼拝しています。私は妻を愛しているときにも、礼拝しています。自分の子供を訓練しているときにも、礼拝していますし、税金を払うときにも礼拝しているのです。私の人生は、私が

何も言わなくてもある音を発しています。私は、色々な集会での礼拝を軽視しているわけではありません。なぜなら、そのような環境でしか起こりえないことが、集会での礼拝中に起こるのは確かです。しかし、それらが礼拝の全てだとは言えないのです。時には、それらの礼拝は自分たちのためのものであり、感情に訴えて魂が盛り上がることで自分たちが酔いしれるようなもので、主に全く栄光を帰していないこともあります。私は主を賛美する礼拝がしたいのです。もし主が「何も言うな」とおっしゃるなら、私は何も言いませんし、ただ主のそばにいたいのです。それが私にとっての礼拝です。集会での礼拝は必要でしょうか？はい、確かに必要です。しかし、本来の礼拝と混乱しないようにしましょう。

天の領域では、あなたは神の国の大臣になることを学びます。神の国の運営を学び理解し始め、ここからあなたの霊的な人生が始まるのです。これは、私たちが息子であることの副産物であり、私たちの任務と巻物は、この場所にいるときに与えられます。

天の天

天の天と呼ばれる場所があります。**申命記10:14**には、「あなたの神、主には、天も、最も高い天も、地も、その中のすべてのものが属している。」（NKJ の訳）とあります。また、**詩篇108:4～5**には、「あなたの愛は偉大で、天よりも高く、あなたの誠実さは天にまで達しています。神よ、天の上に高くなり、あなたの栄光を全地にとどろかせてください。」（NKJ の訳）と書かれています。

昨年のイーンの集会で、私は立って礼拝していました。イーンがグラント

のところに行ったのに気づきました。二人は少し話をした後、グラントが私にも参加するように指示しました。彼は私に、自分たちが見たものを見たかどうか尋ねました。私は見ていなかったので、彼は説明してくれました。何が起こっているのか見る必要はありませんでした。そのことに、私は確信がありました。彼は、天の上の水と下の水が弧を描いている様子を説明し始めました。それが弧を形づくり(＊契約の箱の上のケルビムが両方から翼を内側に向けて弧を描くように)、今まで見たこともないようなものがこの世界に生まれてくるための入り口となっていたのです。私は持っていたお金を、それとトレード（交換/取引）しました。自分には見えなかったけど、それが欲しいと感じたからです。なぜそれが私に開かれなかったのかはわかりませんが、彼らが見たものに敬意を表しました。もしあなたが自分の時間とお金を今起きていることとトレード（交換/取引）すれば、あなたの状況の中で変化が起こるのを見るでしょう。

　ヤハウェは、私にいくつかの奥義を明かし始めました。私が天の天にいたとき、主は霊で私を門から連れて行き、私の向きを変えて、私を天上に現してくださいました。これが起こったのは、わたしが基礎的な歩みをしっかり築き、誰も見ていないところで地道に責任を果たし続けてきたからであり、私の人生はシフトし始めたのです。これらは、あなたにも起こりえることなのです。ヤハウェは、息子として、あなたがどの様に成長したものになったかを創造物に現わすことが出来るのです。

__パーフェクション（完全）の領域__

　完全の領域/次元は、神の政府（統治機構）が存在する場所です。ヤハウェがあなたの人生において、自分でDNAを上下して異なる領域に

入るのを許されている事があります。それは、あなたがそれまでに入った領域/次元で忠実であり、またあなたに与えられた責任によりどのように治めたかによって決まります。この完璧な領域/次元でヤハウェを見つめると、DNA構造の変化が起こり始めます。イェシュアは、変貌山で、弟子たちにご自分の生きている完全の領域/次元を現わされたときに、このことを明らかにされました。イェシュアはすべての面で完全でした。だから罪を犯してその言い訳に恵みを使うようなことは必要とされませんでした。全ての行動が正しかったので、その領域/次元に存在するものを放出していて、雰囲気を変えることができました。その結果、2人の雲の証人が現れて、完全の領域/次元で主と並ぶことができたのです。なぜなら、この2人は既にそこにいたからです。

永遠の領域

　永遠の領域/次元のことは全くわかりません。いにしえの人たちがそこへ行って帰ってこなかったことは知っています。ヨハネが天の開かれた門を見たとき、主の声が彼に呼びかけ、天に昇って来るようにと招きました。もし、主の声があなたを呼んで招いていないなら、門を通ってはいけません。主の声を知らないなら、むしろ地上に座って、主の声を聞くことを最初に学んでください。なぜなら、低い次元の偽物の門がたくさん存在しているからです。多くの人々が、神の満ち満ちた様を体験していると思って、これらの門を通りましたが、実際にはそれよりも劣った領域を体験しているのです。神の栄光の統治が存在しない領域に足を踏み入れた瞬間、その周波数がイェシュアのものとは全く異なることにすぐに気づくでしょう。

ケルビム、セラフィム、そして炎の剣

　私たちのDNAのエレメント（要素）には、地上と天上の領域にエンゲイジして（意図的に関わりを持つ）、神の創造物に影響を与えることを目的とした働きが備わっています。イェシュアは、DNAの構造を通じてこれらの領域で働かれて、文字通り行く先々で被造物に影響を与えられました。神の創造された王国全体は、受胎したときからのDNA構造に織り込まれていますが、私たちが贖わなければならない問題があるために閉じられたままのゲートがあると思います。私たちが歩むことのできる統治の領域を完全にするためには、日々通過しなければならない過程があるのです。

　私の妻、メラニーは、これまで私が見たことのないような統治の領域/次元を歩んでいます。被造物さえも彼女に託されているものを認識しているのです。彼女はまだ天の王国、神の国、また地上の王国について学びながら歩んでいる最中であるのにもかかわらず、主を知りたいという願望ゆえに、彼女の上には神のガバメント（政府/統治）が座しているのです。

　水族館に行った時のことです。私たちは、そこでレストランに寄って食事をしました。ガラスの水槽のすぐ横には何人もの人たちが座っていたのですが、魚は遠くにいました。店長が私たちを水槽の近くのテーブルに案内したところ、2分後には2匹の巨大な魚がガラスのすぐそばまで泳いできて、私の妻の上に座っている神のガバメント（政府/統治）の美しさを見つめていました。魚たちも同じものが欲しかったのです。食事の後、私たちは水族館に入りました。岩の下に隠れていた

魚が出てきて、彼女の上に座っている統治（政府）に自分を盛んにアピールしました。なぜなら、被造物は私たちが神に託されているものを息子/神の子として歩むことを、待ち望んでいるからです。

第3章

権威の座

　ヤハウェの心の一部に触れるためには、自分の心を御前に開き、全てをあからさまにするという要素が必要だと私は気づきました。おそらく他の方法では接することができないでしょう。もしあなたが泣いている姿を人が見たら、弱いと思われるだろうと感じるのは間違いです。なぜなら、感情が反応するほどに、ヤハウェがある形であなたに触れることができるように心を開いたからです。実際に自分の心を開かなければなりません。そうすることで、あなたは主の心の一部に触れることになるのです。7年ほど前に、このようなことが私に起こりました。ヤハウェに私の心に触れてほしいと思って心を開いたところ、ヤハウェは私の心に触れて下さいました。その日以来、私は主のご臨在にとても敏感になり、いつも御霊で見ることができるわけではないですが、御霊で感じることができるようになりました。

　実際に見た非常に深い事柄もありますが、私の場合は、ヤハウェとの関係の大半は感覚に基づいています。一瞬だけ見て終わるのではなく、継続的に感じたいという願いが私の中にあるので、このことに私は敬意を払っています。

　皆さんにお伝えしたい証があります。それは、私の国の歴史の流れを変えた体験で、ある出会いを通して起こりました。個人的な証を共有するということは、それが誰かのために再び起こりうるからなのです。ある

時、私と妻が託されていた証を語っていたところ、文字通りその証が私の唇から大気中に出てきて、集会の上に臨んで来たのを見ました。その証を受け取った人々は、その証がその人たちに複製されて、それが、彼らの一部となりました。私の証を分かち合うことは、私が自分の人生の上でヤハウェが善きお方であるのを示すためだけではなく、ヤハウェが善きお方であり、私に与えられたことがあなたにもなることを意味しています。私の唇から発せられた証は、生きた実体として動き出しました。それは私を超えて、私が誰であるかを確立し、私の人生に現れた他の証に合流したのです。そして、これらの証が、私たちを取り巻いているのです。ある領域が開かれ、私の人生におけるヤハウェが善きお方である証がすべて軍隊のように立ち上がり、ヤハウェが私のために用意された事柄を実行するように手招きしているのが見えました。それらは、私の人生に明らかにされてきた、ヤハウェの善を思い出させてくれます。

その次にあなたが何かをヤハウェに信頼するときに、証が私たちを取り巻いてこう語っています。「私を思い出してください！ブレークスルー（困難や障害の突破）のために信仰が必要だったことを覚えていますか？私はその結果です、思い出してください。」これらの証は皆、あなたが自分の慣れ親しんだ場所から一歩踏み出し、信仰により歩み出すことで、あなたのものではないものがあなたのものになるようにと訴え始めます。

私の細胞となった聖書の一部は、**ローマ人への手紙8:12〜27**です。20節で言及されている希望は、希望的観測ではありません。それは、私たちが養子となり、息子として正当な地位に就くことができるという確信に満ちた期待です。私たちは、自分の周りで起こっていることに心を奪われ、異言で祈ることを忘れてしまいますが、これは最も重要なこ

との一つです。

ローマ人への手紙8:26〜27には、私たちがなぜ異言で祈るべきかが書かれています。「同じように、御霊も私たちの弱さを助けてくださいます。私たちは何のために祈ればよいのかわかりませんが、御霊ご自身が、言葉で言い表せないようなうめき声で私たちのために執り成してくださるのです。また、私たちの心を探られる方は、御霊の心を知っておられます。なぜなら、聖霊は神の御心に従って聖徒のために執り成してくださるからです。」（NKJの訳）私たちには、私たちのためにとりなしてくれる被造物、私たちのためにとりなしてくれる他の信者たち、私たちの中にいる聖霊がいます。そして父の右の座にいるイェシュアが、息子たちが現れてくるようにととりなしてくれているのです。

　2016〜2017年、南アフリカ共和国はひどい干ばつに見舞われ、ある都市では水がまったく出ない可能性に直面していました。水道の蛇口をひねっても、バルブが閉まっていて何も出て来ないということがどういうことなのか、私たちには全く理解できませんでした。全国的な水不足だけではなく、電気の供給も停止していました。ニュースでは、南アフリカ史上最悪の干ばつであり、解決策はないと言われていました。気象学者は、雨の降らない月がまだ何ヶ月も続くと予測していました。私たちは、絶望的な状況に置かれていました。
「これは大変なことだ！」と思いながらニュースを見ていました。

　その2週間後、私はオフィスで翌日の会衆へのメッセージを準備していたのですが、突然、それまでに見ていたニュースが蘇ってきて、聖なる怒りを感じ始めました。私は頭を垂れて、「一体全体、こんなことがあっていいのか 。」と言いました。テーブルに頭をぶつけた瞬間、私は体から離れて

天井を突き抜け、自分の家をはるか上空から見ていました。そして、大気圏に突入するまで上昇を続け、空中の大気圏にいました。私が外を見わたすと海が見えました。イェシュアは私のそばにいて、「今日はあなたにあることを教えようと思う。」と言われたのです。これは私の最初の重要な遭遇であり、聖霊によってなされたものでした。会話は英語ではなくて、心臓予知機能（カーディオ グノーシス）を使ってなされました。海の向こうには、暗い雷雲があり雨が降っているのが見えました。イェシュアは、この土地の祖先の間違ったトレード（交換/取引）により、雲のアイデンティティが取り換えられてしまったのを明らかにして下さいました。その結果、住民が再び雲の支配下に置かれたのは、教会が神の到来を待っている間に行われてしまったことも教えて下さいました。私が雲を見ていると、イェシュアは、「これから、あなたに権威と支配について教えます。」と語られました。主は、「これはあなたのものです。あなたの証となるでしょう。間違って行われた雲とのトレード（交換/取引）をひっくり返して、本来のあるべき位置に戻す必要があるのです。」と言われました。

　雲に向かって話をするのは初めてのことです。私は彼らを見て、「あなたにかけられた呪いを取り消します。本来のあるべき位置に戻りなさい。」と言いました。雲は応答し、振り返って私が息子としてのポジションにいるのを認識すると急ピッチで私の方に向かってきたので、「雲は生きている！」と私は実感しました。雲は私の声を聞いて、天の座に位置している息子に応答したのです。彼らは、呪いを逆転させる事が出来る息子の命令を待っていたのです。大きな音がして、オフィスに戻ると、空から一滴ずつ降ってくる雨の音がしました。私の家の上にも雨が降り注いだのです。

　外に出てみると、霊で見たのと同じ雲が自然界の陸地に向かって流れてきており、雨が降り注いでいました。大きな音がしたので、妻が様子を

見に外に出て来ました。そこで、私が立ったままで上を見上げて「ワオー！」と言っているのに気づいたのです。

私はまだ心のどこかに疑いの要素を抱えていたので、スマホの天気予報アプリをチェックしたことを覚えています。その天気予報では何週間も雨が降らないと言われていたのに、雨が降り出したのです。私は、その日、歴史の流れを変える重要なことが私の人生に起こったことを悟りました。被造物は、息子（神の子）が姿を現し、被造物に語りかけてくれるのを待っていたのです。

（*訳者補足：日本語の聖書訳で神の子と訳されている箇所は、英語では息子と訳されている場合が多いです。例、ローマ書８章１９節等々。）

　翌朝の私のメッセージでは、すべてが変りました。私は「良いクリスチャンのメッセージ」を伝えるつもりで、会衆の前に立っていたことを思い出します。しかし、私はこの出会いに基づく体験を話しました。モーシェ（モーセ）がイスラエルの国を奴隷の状態から連れ出した時に言った言葉を伝えました。紅海の端に到着した彼らが振り返ると、エジプト人が彼らを殺しに来るのが見えました。**出エジプト記14:11〜13**では、民が「あなたが私たちを砂漠に連れてきて死なせるのは、エジプトに墓がなかったからですか。あなたは私たちをエジプトから連れ出して、私たちに何をしようと思っているのですか。私たちはエジプトであなたに、『私たちを放っておいて、エジプト人にこのまま仕えさせてください』と言わなかったでしょうか。砂漠で死ぬよりも、エジプト人に仕えた方がよかったのではないでしょうか。と言ったときに、モーシェ（モーセ）は民に答えて言いました。『恐れるな。しっかりと立ち向かえば、

今日、主がもたらしてくださる救いを見ることができます。』」

　その時、モーシェ（モーセ）はヤハウェに向かって、「ああ、神様！」と言ったのだと思います。モーシェ（モーセ）はイスラエルの民に信仰の宣言をした後、神に向かって「これが実際に起こったら本当に素晴らしいことです！」と言いました。ヤハウェはそのことを尊重しながらも、「なぜあなたは立ち止まっているのか？前進しなさい。」と語られました。

　その日の朝、私は集いで人々の前に立ち、「今後2、3カ月のうちに、この地域にあるすべてのダムが100％の容量で満たされます。」と言いました。そして、神様に向かって、「ああ、神様！もしそれが実現したら、本当に素晴らしいことです！」と言いました。

　そして、その後4日間、しっかりと雨が降り続きました。私たちのダムの水位は約22％でした。もし20％まで下がったら、水位がポンプを下回ってしまい、地域に水を送り出すことができませんでした。それが4日後には、各ダムの水位が22％から100％以上になったのです。大雨から5日後、「4日間の奇跡の物語」というニュース記事が発表されました。「南アフリカの水事情の突然の変化は、神の介入を伴うSFの特徴を備えている。」とニュースで流れました。

　何が起こったのか理解していなかった人たちは、聖霊に導かれて記事を書き、これは神の介入であると全国民に伝えたのでした。なぜなら、彼らには何が起こったのか全くわからず、説明ができなかったからです。その時、私たちが救われたのはこのためだったのだと気づきました。被造物が私たちを見て、そして周りの人たちが私たちを見て、「何をしたのですか？」と言う

ためだったのです。これが私たちの役割です。被造物は、天にポジショニングしている息子たちが現れるのを待っているのです。もしこのようにならなかったら、私たちは干ばつから抜け出せず、国全体が最悪の状況に陥っていたでしょう。

この出会いの前に、私たちの国の政府は他の国と取引をして水を輸入し、それを国民に売るように手続きを進めていました。それはビジネスとしての取引でした。ヤハウェはこの状況をご存知でしたが、私たちのために一方的に事を行うのではなく、私たちを通して共に行いたいと願っておられたのです。つまり、息子が父の心の意図を理解して歩むのを待っておられたのです。この出来事の後、私は雲との関係を持ち始めました。

私たちの住んでいる家の道の先には、海に面した素晴らしいレストランがあります。この出会いの直後、私たちはそこに食事に行きました。注文を済ませてから、雲が流れているのを見ていました。私は雲に向かって、「あなたはとても美しい！」と話しかけました。雲が通り過ぎようとしたとき、ある雲が立ち止まり、私の心に向かって「ありがとう！」と話しかけてきました。そして、他の雲と一緒に移動していきました。私は言葉を失いました。

これは私たち、息子たちに与えられたものです。私たちは、自分が好きな、又は自分に合った聖句の要素をいくつか取り上げ、それを理解したとしても適用することはできません。被造物が息子たちの現れを待っているのであれば、私たちはまず息子として被造物に対して、現れなければならないことを理解しなければなりません。私たちは本来のあるべきポジション/位置に着き、治めることを始めなければなりません。私の心は変化して、この世界では私たちが重要なのだと思

うようになりました。これらのことは、状況をどの様に操作していくかのテストではなく、私たちが、この地上に神の国を確立しているということなのです。そして、それを実践していく中で、私たちが見たすべての記録が私たちの一部となり、私たちはそれを現して、被造物に解放をもたらし始めるのです。私たちは、まず、自分が信じる者にならなければなりません。

　この雲と雨との霊的な出会いは、この世界での自分の見方を変えました。私はヤハウェと共に働く関係にあり、息子としてヤハウェと共に弧を描き、ヤハウェの救いが私を通してもたらされるのを見たのです。もし私が幕のこちら側（地上から天に向かって）で祈っていたら、このようなことは起こらなかったと思います。私たちは祈りについて歪んだ見方をしているのではないでしょうか？私たちの祈りの大半は不満であり、突破口を求めるために断食を用いています。私たちは幕のこちら側に立ってお願いします。「神様、私たちのところに来てください。臨んで下さい。」という祈りがほとんどです。「私たちの方が天に上らなければならないのです！」とはほとんど語られていなのです。

　私が読んだ実話には、この様なことが書かれていました。あるパイロットが飛行機を操縦していました。キャビンアテンダントが彼のところに来て、問題が発生したことを告げました。ネズミが燃料パイプをかじっていたのです。パイロットは決断を迫られました。ネズミにそれ以上噛まれないことを祈りながら、危険を冒してもそのまま目的地まで飛行することに決めるか？どうするのか？

その時、彼はマイクを使って乗客に酸素マスクが降りてくることを伝え、

酸素のない場所に向かって非常に高いところまで急上昇するので酸素マスクを装着するように言いました。それは、ネズミが酸素不足で死ぬために取った行動でした。

　その話を読んだとき、ヤハウェは私にこう言われました。「それは、わたしがあなたに呼びかけたことです。時間や空間を超えて天に来なさい。わたしの声をはっきりと聞いてほしいのです。」私を傲慢だと思う人々もいますが、そうではありません。私は自分がどういう者であるかということに確信があるのです。ですから、部屋の隅にいる悪魔を探すようなことはありません。逆に、彼らの方が私に用心しているのです。私のキリストにあっての自分のポジション/位置を信じていますから、むしろ私が部屋に入ると彼らの方が消えてしまうのです。光があるところに闇は存在しないのです。

息子は、自分の中に光があるのですから、光をかき立てようとする必要はありません。私たちがそこに行きさえすれば、事は起こるのです。先日、キリスト教の書店に行ったとき、棚に並んでいる本のタイトルを見て驚きました。悪魔とは何か、それはどこから来ているのか、そして何をするのかといったように、悪魔に対処する方法を教えている本ばかりなのです。私たちは、何を恐れるべきかについての本を読むのではなく、自分が何者であるかについて書かれている本を読むべきです。私たちは、自分を束縛し続けるものと間違ったトレード（交換/取引）をしています。私たちは、悪魔については学び始めますが、ヤハウェの王国とはエンゲイジ(関わりを持つ)したがらないのです。私たちが見つめるものに、私たちはなります。それなので、教会が悪魔の活動の場になっているのです。私たちが彼らのことを学んで、彼らについて話す時、私たちはそれらの香りを放っているのです。悪魔たちは、それを吸い込んで、このように言っているのです。「彼らは俺たちのことを学

んでいるぞ。」

私たちは、食い尽くす者達について教えられているキリスト教の書に没頭して悪魔のことで忙しくしているために、天使の領域は忘れてしまい、真理に関わる時間をもたずにいるのが現状です。私は息子なので、悪魔について学ぶ必要はありません。その領域は、私の足のずっと下にあるのです。

使徒の働き19:11〜20には、スケワの7人の息子たちの話が出てきます。悪魔たちはパウロやイエスのことを知っていましたが、7人の息子たちに「あなたは何者だ？」と尋ねて、襲いかかりました。彼らは血を流して裸で現場を去りました。多くのクリスチャンは、裂かれた幕の向こう側/天の国から生きる事を教えられておらず、超自然的な世界に入ることなく、こちら側の物理的な領域からすべて行っています。私たちは忙しすぎて、自由になるための教えを聞くことすらできていません。あなたは、すべてを理解する必要はありませんが、奥義に心を注いでください。そこには真理があるからです。聖書の**ヨハネの福音書8:31〜32**には「イエスは、自分を信じたユダヤ人たちに言われた。『もし、あなたがたがわたしの教えを守るなら、あなたがたは本当のわたしの弟子です。そうすれば、あなたがたは真理を知ることができ、真理はあなたがたを自由にするであろう』と言われた。」（NKJの訳）と書かれています。あなたは、真理に関わる必要があるのです。最近、私の周囲には、非常に意気消沈して憂鬱なクリスチャンが何人もいます。平安という生きた存在と関わっていれば、うつは彼らの神殿/宮に居座ることはできないと私は信じています。

喜びという生きた存在と関わり、それを味わえば、自分の中に相反する霊が居座ることはありません。なぜなら、この2つは共存できないからです。どちらかを選ばなければならないのです。人生の喜びを得るためには、すべき

事をして、命を与えるものと関わらなければなりません。（＊訳者補足：あなたが意図的に関わる事が大切です。それによって、新しいものは生み出されます。神様がただ一方的に成されるわけではありません。）

　私のコミュニティーに戻ると、「陽気な牧師」「どこに行っても笑顔の絶えない情熱的な牧師」というレッテルを私は貼られています。なぜだと思いますか？それは、私が愛と喜びの生きた存在と関わっているからです。それは、私の相続分なのです。それを、演じているわけではありません。私はここでも家にいる時でも、いつでも同じです。自分が何者であるかを知っているからこそ、私は私であることができるのです。自分が誰（キリスト）の中に位置づけられているかを知っているのです。それは息子としての私のアイデンティティに関わることであり、今日に至るまで私は形造られ、変えられてきました。私は、いつかイェシュアのようになりたいのです。私はまだ持っていませんが、イェシュアが持っている愛を持つ者になりたいのです。

　私は、妻と私の身にあることが起こるまでは、誰をも愛せると思っていました。しかしそのことを通して、私にはもっと愛が必要なことに気がついたのです。主がその人を見ておられるように私も見なければなりません。弟子たちがイェシュアに「父を見せてください。」とお願いすると、イェシュアは「私を見たのなら、父を見たことになる。」とおっしゃいました。私の目標は、人々が私を見るときに、ヤハウェの心がそのまま真っすぐ見えるほどに、イェシュアをよく現すことです。勿論、まだまだ私は治めることについて学ぶ必要がありますが、彼らが私を見るとき、彼らは主に出会うということなのです。私は彼らに宗教や教会の枠を通して何かを見せようとは決して思いません。彼らが私を見るときに、主ご自身を見るというのが私の目標なのです。

生きている存在（Being）はとても重要です。私は何人もの生きている存在と出会いましたが、最初は理解できませんでした。私は彼らが存在していることさえ知らなかったので、彼らと関わるための土台を作りました。彼らは私たちの周りに常にいるのです。そして、少しずつ私と関わってくれるようになりました。

　最近、私は「愛」という生きている存在と関わっています。主の祈りを唱えるクリスチャンがいても、もし愛そのものである存在と関わっていないのであれば、儚いのです。あなたが本当に愛を持つ唯一の方法は、ヤハウェご自身の中にあり、「愛の存在」と関わることなのです。

ヨハネの福音書17:20～23には、「わたしの祈りは彼らだけのためではありません。彼らのメッセージによってわたしを信じる人たちのためにも祈ります。あなたがわたしの中におられ、わたしがあなたの中にいるように、彼らもまたわたしたちの中にいますように。あなたがわたしに与えてくださった栄光を、わたしは彼らにも与えました。わたしは彼らの中におり、あなたはわたしの中にいます。あなたがわたしをお遣わしになり、わたしを愛したように彼らを愛したことを世に知らせるために、彼らが完全に一致するようにしてください。」（NKJの訳）という大変興味深い聖句があります。

　あなたがイェシュアの中にいる瞬間、あなたは父の中にいます。私がイェシュアの中に入って父なる神を見るとき、私は正直なところ非常に恐ろしかったです。私の悪いところをすべて見られてしまうのではないかと思ったからです。ところが、私が御父を見上げたとき、御父は御子を見ておられました。私が御子の中にいるからです。（＊訳者補足：このキリストとの一体化は、奥義の根幹となる大切な土台です。）

私は、あなたが思っているような罪をヤハウェが見ているとは思いません。キリストのうちにいる、あなたを見ておられるからこそ、罪は既に処理され終わっているのです。もし、あなたがキリストのうちにいないならばそれは問題ですが、あなたがキリストのうちにいるならば、神はその罪を見られないのです。だからこそ、イェシュアの血を通してのみ、あなたは自分の過去を正しく見ることができるのです。イェシュアの血の外のものは全て、あなたに嘘をつき、「あなたはそこにいることは出来ない」と言って、あなたをそこから以前の場所に引き戻します。

　多くの人は、自分自身を恵みの御座に大胆に近づくほど聖くもなければ、それほど価値があるとも考えていないため、恵みの御座に近づくために、自分で色々な宗教的な行いをする必要があると考えています。それは救いではありません。自分の欠点や弱さに対処する必要があるのは事実ですが、キリストのうちに足を踏み入れると、そこで私たちが全く違う者に変えられるのです。これが悔い改めの真理です。悔い改めとは、自分のしたことに対して申し訳ないと言うことではありません。聖なるお方を見つめなければ、その赦しを得ることはできません。なぜなら、私たちは見つめるものになるからです。それが真の悔い改めの姿であり、それは単なる罪の告白だけではなく、自分が見たことを生きることなのです。

　誰が私たちをキリストの愛から引き離すでしょうか。それができるのはただ一人、私たち自身なのです。新たにされていない古い思いは、宗教とトレード（交換/取引）をして、私たちは価値に値しないと叫びます。もし私たちが、自分が誰であるかを知っていれば、息子として明らかにされるのを待ち望んでいる被造物がいるのに気づくはずです。励ましを受け、勇気を出してください。私たちの信仰の創始者であり完成者である

イェシュアを見てください。私たちは召しを与えられ、ここにいるように呼び出されている理由を思い出し、どのように変えられ、また再調整されていくかを学んでいます。私は、ただその答えが現れるのを待っているのではなく、私自身が実際の答えになりたいのです。人々が私を見るとき、私の唇から出る言葉だけではなく、私自身がなりつつある息子としての実体を見て欲しいのです。

第4章

火の中に足を踏み入れる

　あなたの周りには、あなたを怒らせる能力や怒らせる権利を持つ人は一人もいません。誰もあなたを怒らせることはできません。しかし、何が起こるかというと、あなたがずっと束縛されてきた嘘、あなたが怒った嘘に対決すると、真理が明かされるのです。あなたは自分が怒っていると思う時、その嘘が表面に表れます。この対決は、あなたを長年束縛してきた嘘を処理して真理に移り、ヤハウェがあなたにそのようであってほしいと願い、召し出した息子たちの世代の一員となるために整えてくれるのです。それまでの思考の枠や概念を断ち切った瞬間、あなたは輝かしい自由と解放を手に入れることができ、神の国の領域にあるものを物質的に現し始めることができるのです。

　ヤハウェは、私を律法と恵みの教えを理解する旅に連れて行ってくださいました。恵みは、罪を犯す許可を与えるものではなく、既に存在している義を強化するものなのです。「大丈夫！何でもやりたいことをして大丈夫。いったん救われたら、ずっと救われているのです。」という話しを聞いたことがあります。このような極端な恵みのメッセージは、罪の現実に対処したくないために、恵みを逃げ道にしています。彼らは、私が大切にしている恵みという生きた存在に出会ったことがないのです。あなたがキリストの満ち満ちた姿で、天の座で生き始めた瞬間に、恵みという生きた存在との

出会いにより、もはやあなたを以前誘惑していた事柄がその罪の力を失ってしまうのです。

　私は教会時代と呼ばれている世代に育ち、罪と向き合うことに慣れなければならないと、教えられて来ました。私の人生を通して、自分の能力を最大限に発揮して亡くなるまで歩み続けるように言われました。また、次の聖句を暗記するようにも言われました。**ローマ人への手紙3:23**には、「すべての人は罪を犯し、神の栄光を受けることができません。」（NKJ の訳）と書かれています。私は、死ぬまで最善を尽くし、死んだら、天国で自分の相続である輝かしい自由と解放に入ることができると促されました。教会時代の教えは、救いの十字架にたどり着いた私に、幕のこちら側でどうやって生き延びるかを教えていたにすぎないのです。

　私たちの目標は、カルバリーの十字架にたどり着くことだと教えられてきました。十字架を見つけて救われたら、そこに留まったままでいるのです。そうすることで、死が私たちの救世主となり、私たちは死んで天国に行くまで精一杯生きることになるのです。私は、全く違う考え方をしています。十字架こそが私たちの人生の始まりだと思うのです。それは救いであって、そこが終わりでは決してありません。信仰体系/教派教団の枠を超えて、イェシュアのもとに足を踏み入れ、新たに生まれ変わった瞬間に、私たちは全く新しく創造された者（全く新しい人類、新種、カイノス）となることを理解する必要があります。私たちは今、恵みの中に足を踏み入れ、自分が何者になったのかをこの地球上で現し始めることができるのです。

　もし私たちが地上に住んでいて、霊的な領域/次元に行こうとしているなら、天を地上にもたらすのではなく、天にしか行けないでしょう。もし私

たちがその領域/次元に住んでいないのであれば、この領域/次元にそれをもたらすことはできません。それらの領域/次元を呼んでみても、それは私たちの中に既にあるので来ません。**ルカの福音書17:20〜21**には、こう書かれています。「かつて、パリサイ派の人々に神の国はいつ来るのか？と尋ねられたとき、イエスはこう答えられた。『神の国は、あなたが注意深く観察しても来ないし、人々が『ここにある』『あそこにある』と言うこともない。なぜなら、神の国は、あなたの内にあるからです。』」（NKJの訳）

私たちは、教会時代に教えられた教理のいくつかを取り除く必要があります。私たちは、これらの教えに基づいて人生を築くことで安心感を得てきましたが、それは偽りの安心感であり、私たちが誰であるかを示す偽物の真実です。息子として成熟していく過程で、自分のお荷物になるような古くさい考えや誤った信仰概念を処理する必要があります。

御霊の賜物を中心にして生活をしていると、ある地点までしか行けず、自分の能力をフルに発揮できません。賜物は、私たちが行くべきところに連れて行くことはできません、ただ、サインとして使えるように与えられているのです。例えば、ビルの壁に出口のサインがあったとしても、そのサインの下に立ってビルから出られるとは思わないはずです。あなたはそのサインを見て、その指示に従って、サインが指し示すドアやゲートウェイ/出入口を通って、建物から出るでしょう。

同じように、賜物は、しるしそのものよりもはるかに偉大な方であるヤハウェを指し示すために与えられました。私たちは、賜物をしるしとして使うのではなく、お互いに満足できるシステムを造り出しています。賜物でミニ

ストリーをする人と、賜物を通してミニストリーの恩恵を受ける人の間にこのシステムが作動するのです。このシステムの中で、私たちは、教会が賜物を偶像に変えてしまい、ヤハウェの本来の意図を賜物に置き換えてしまったのです。本来の意図は、教会がより高く、より遠くへ行くための招待状だったのです。私は聖霊の賜物に反対しているわけではありませんが、その賜物で活動している人と、それを必要としている人の間で起こるトレード（交換/取引）には断じて反対です。

　私は何年もの間、牧会者としての賜物のもとで機能していました。毎週、私は人々に霊的な食事を与え、彼らが自分で神の声を聞く必要がないようにしていました。彼らも毎週、満たされることを求めて戻ってきました。私たちは、旧約聖書の概念を新約聖書の教会に適用したのです。**申命記5:27**で、イスラエル人はモーセに次の様に言いました。「近くに行って、私たちの神、主の言われることをすべて聞いてください。そして、私たちの神である主があなたに言われることを何でも私たちに伝えてください。私たちは聞いて従います。」（NKJの訳）

　牧会者としての賜物で私は、人々のあらゆるニーズに応えなければならないと思うようになり、そうすることで、人々が自分自身でヤハウェの心を探求する機会を奪っていました。深く考える事もしないまま、人々は空っぽの状態で教会に来て、満たされることを必要としていたので、私からまさにいのちを得ていきました。私が人々を養っていただけでなく、人々も私に自分達の要求をし、彼らが聞きたいことを私に話す様にうながし、満足できなければ去っていったのです。私は、この牧会者としての賜物が、私にとっての講壇（*注釈：働きの場）ではなく、超えられない限界になってしまっていることに気づきませんでした。

私たちは、あふれる出る為にまず、満たされる必要があります。パウロは、**ローマ人への手紙15:13**で、「希望の神が、あなたがたをすべての喜びと平和で満たしてくださいますように。あなたが主を信頼する時に、聖霊の力によってあなたが希望であふれますように。」（NKJの訳）と、語っています。私たちは、ヤハウェの王国を、それが治められているものではなく、あふれ出るもので測ります。神と神の国のものに対する私たちの願いと期待のうちの一つは、私たちを正しい位置につかせて、神からあふれ出るものを受け取りそれを与える立場になるようにすることです。決して、いつも何かを必要としている物乞いのような立場ではありません。

　預言者が町にやって来ると、私たちは明るく、派手なシャツを着て最前列に座り、預言者が私たちに気づいてくれることを期待します。なぜなら、私たちは神からの言葉を必死に求めているからです。このような行動をとってしまうのは、成熟していくことを真剣に考えるように教えられて来なかったからなのです。他人に養ってもらうばかりでは、私たちは決して成熟しません。ヤハウェは私たちが成長して責任に目覚めるのを願っておられます。主という供給源から食べ始める様にと切に願っておられるのです。主は、聖霊の賜物が与えてくれるものではなく、主の栄光の豊かさによって、私たちが必要とするものを直接与えたいと願っておられます。

　私は寝る前に、自分が霊的な領域にいることに気づかされるある遭遇がありました。燃える火が私をヤハウェから引き離し、霊的な座が私が座るのを待っていました。火についての教えは聞いていましたが、この出会いまではその強烈さを理解していませんでした。ヤハウェは私に「もっと上に来なさい」と呼びかけました。私が座に向かって一歩踏み出したとき、ヤハ

ウェの心が私に語りかけてきました。「息子よ、おまえの選択次第で来ることは出来るけれど、その牧師としての賜物はおまえと一緒に来ることはできない 。」と語られたのです。皆さんの中には、「そうですか。わかりました。」と答える人もいるかもしれません。私の場合は牧師という仕事は生業でした。家族を養わなければならず、家も車もありました。「リッキー、それはいけない。一体、何をしているのだ？」という思いがよぎる一方で、私の霊は「進んで行って、それをやりなさい！」と言っていました。すると、私の思いは「この決断についてゆっくりと考えてみよう。今すぐやる必要はない。まだ、時間は十分にあるのだから。私たちは永遠に生きるわけだから。」と答えたのでした。

　私の霊の望みはとても強かったのです。**箴言3:5〜6**に書かれている「心を尽くして主に信頼し、自分の理解に頼らず、すべての道で主を認めなさい。そうすれば、主はあなたの道をまっすぐにしてくださる。」（NKJの訳）という言葉を信じていることがわかりました。この時点で、私は即座に決断する事が必要だと思いました。あなたも、ヤハウェから何かをするように言われたら即座に実行してください。考えすぎて、決断を遅らせると、次に機会が訪れる前に、また山を回ることになります。

　私は信仰を持って火の中に入りました。そうするとすべてが燃え尽きていきました。私は自分の人生を築いてきたものにはすべて意味があると信じていたので、自分の業績を正当化しようとして、きっと神学の学位には意味があるのではないかと、考えていました。とても弱い人間だと思えました。その炎がすべてを焼き尽くし、すべてがなくなってしまったのです。私は「あなたを信頼します。あなたを信頼します。あなたを信頼します。」とただひたすら繰り返し言っていたのを覚えています。なぜなら、御霊の中で

起こっていることは、自然の中で起こっているのと同じくらい現実的だったからです。

この霊的な遭遇の結果は、物理的な領域でも現れるのがわかっていたので、私は恐れていました。私はこの3時間半の遭遇の中で全てを明け渡して、非常に透明で無防備な気持ちになり、ヤハウェに頼りました。ヤハウェこそが私の全ての供給源であることを知っていたからです。

私たちが知っている火は、ヤハウェが本来、意図していたものとは違っているので、火の本当の姿を理解していませんでした。モーシェ（モーセ）が主の山に入り登ったとき、イスラエル国民は焼き尽くす火を見ましたが、モーシェ（モーセ）には雲のように見えました。それは同じご臨在であり、同じ栄光でした。なぜこのようなことが起こったのでしょうか？人がヤハウェに近づくと、ヤハウェはご自分の御住まいに入るようにと招かれます。しかし、私たちが自分に代わって他の人にこの場所に入ってもらうことを望むならば、主のご臨在は焼き尽くす火のままです。私たちが主の招きを受け入れ、自分自身でヤハウェを経験するという選択をするまでは、焼き尽くす火のままなのです。

火を通り抜けたとき、私はもう牧師ではありませんでしたが、とても自由でした。他人からの報酬に頼ることから解放されたのです。私はもうその供給を必要としていませんでした。私は人生で初めて、生命を与えるはずのものが、実際には私だけでなく周囲の人々に死をもたらしていたことに気づき、そのものから解放されたのです。

私は、自分がヤハウェの息子となり、幕が取り除かれたことを悟り始め、全く新しい形でヤハウェと関わり始めました。このことは、**第二コリント人へ**

の手紙3:16で説明されています。「しかし、だれでも主に立ち返るときには、必ずおおいが取り除かれます。」（NKJ の訳）聖書には、まずおおいが取り除かれてから主を見ることができるとは書かれていません。信仰によって、まずヤハウェに立ち返らなければならないのです。

　私たちが過程を通ることを受け入れ、現在教えられていることに意図的に関わり、熱心に天幕を広げて杭を強固にする時、自分自身と家族、そして家系を治め始めていくでしょう。一度教えを聞いただけで、他のことも統治できるようになるとは思えません。息子として成熟するためには、必要な通るべき過程があります。私が火の向こう側、つまり幕の向こう側にいたとき、ヤハウェは私が見つけた今のこの新しい場所をどのように自ら航行していくかについて語り始めました。「息子よ、あなたには周りの人たちの模範となってほしいと思っています。これ以上、彼らの境遇を救済し続けるのは許しません。」

　人々は牧師である私に電話をかけてきて、問題を解決してほしいと頼み、私はそれを定期的に行って来ました。そして、その月に什分の一を納めたかどうかを自分たちの間で話し合い、もし納めていなければ、私が彼らをその状況から助けたことを確認してから納めていました。ヤハウェは、私が他の人々の人生において避けてはならない過程を通るのを遅らせていること、そして彼らの成熟の過程さえも遅らせていることを示し始めました。そして、今まで私がしてきたことを止めるべきだとはっきり語られました。

　今、私のところに助けを求めてくる人がいたら、私はまず、自分の山を治めるための教えを理解しているかどうかを尋ねます。もし理解していない場合には、まずは彼らがその教えに取り組み、ヤハウェに答えを求め、直接神様と交わる様に教えます。それから、私は彼らが前進するのを

一緒に見守ります。私たちは、自分の人生を支配し治め、自分の霊的成熟に責任を持って、向き合っていく必要があることに気づく時です。これは、お互いの間で先を争っているわけではありません。私たちは皆、ヤハウェとのそれぞれ自分の歩みを持っています。そこでは、栄光から栄光へと向かう道筋を自ら選択しながら進む過程を通して、ヤハウェの似姿に変えられていくのです。私たちは、ヤハウェが私たちに明らかにしている奥義に完全に心を開いて、一瞬一瞬を歩んでいく必要があります。それは、ヤハウェが見て、「息子よ、あなたが基礎を築いてくれたおかげで、私の栄光があなたの上に留まることができる。」と言えるような土台を築くことなのです。

この言葉を聞いて、かつてモザンビークに行ったときのことを思い出しました。国境では長い行列ができていて、パスポートの審査を待つ間、私は周りを見渡していました。半分壊れたフェンスの南アフリカ側では、鳥が飛び交う緑豊かな大地が広がっていました。モザンビーク側は乾燥していて埃っぽく、いくらかは不毛の地でした。ヤハウェは私に語りかけ、「息子よ、もし雨が降るとしたら、フェンスのどちら側に降るだろうか？」と尋ねられました。私にとっては、乾いた不毛の地に雨が降るというのが論理的な答えでしたが、ヤハウェは「雨は、自分に似たものの上に降るのだ。」と答えました。つまり、雨は緑豊かなフェンスの側に降るのです。なぜなら、そこに水がたっぷり与えられているものが見えるからなのです。それと同じように、ヤハウェは、あなたが自分の人生で培ってきたものが主と似たもののように見えるならば、あなたが成してきたことの上に主が安息できるのです。

あなたは、なぜヤハウェがあなたの助けを求める声に耳を傾けてくださらないのかと思っているかもしれません。**詩篇84:6**にはそのヒントが書か

れています。「彼らはバカの谷を通るとき、そこを泉のある所とし、秋の雨もそこを池で覆う。」(NKJ の訳) バカの谷とは「泣く場所」という意味です。その荒野に池が造られ、秋の雨が降ってその池が満たされたのです。このとから、雨を降らせる雲を引き寄せるために、この谷の人々が何かをしなければならなかったのがわかります。

　時に私たちは、自分自身が乾ききって空っぽになっていることに気づき、「私にはあなたが必要です。来てください！」と叫びます。叫ぶと、ヤハウェは「あなたを満たしたいのだが、わたしが休む場所はどこにあるのか？」とお答えになります。土台ができあがって初めて、ヤハウェはその上に来て休むことができるのです。幕のこちら側にいる私たちが、「なぜ地震があるのですか？なぜ腐敗があるのですか？なぜ地上で多くの悪いことが起こっているのですか？」とヤハウェに尋ねるのは、当たり前のことです。しかし、私たちが信仰によって幕の内側に入り、父と共に働く息子として立つとき、父は私たちに「息子よ、なぜ地震がありますか？なぜ腐敗があるのですか？なぜ多くの悪いことが起こっているのですか？」と私たちに尋ねられます。「天はわたしのものだが、地はあなたのものではないか。」と問われます。私たちは幕のこちら側から、ヤハウェが地上に来てくれるように頼むような失意と不満の場所にいるのではなく、もっと高いところに来て、正しく幕の向こう側から治めていくようにとの招待状を受けているのです。私たちは、主と意図的に関わり、主の視点から物事を見るようにしなければなりません。私の国、南アフリカ共和国では、私が聖なる怒りに燃えて、より高い場所への招待を受け入れるまでは何も変わりませんでした。私は、自分にそれが出来ると教えられたので、そうしたのです。

　私たちの中には、**出エジプト記33:20**に書かれている、最初に聖書に

出て来る聖句に対する恐れをいまだに抱いている人がいます。「しかし、あなたはわたしの顔を見ることができない。」と言われた。「誰もわたしを見て生きることはできないからだ。」私たちは自分が死ぬことを恐れていますが、聖書はこの問題については明確で、**ローマ人への手紙6:6〜11**に記されています。「私たちの古い自分が神とともに十字架につけられたのは、罪の体が取り除かれるためであり、私たちがもはや罪の奴隷ではなくなるためであることを、私たちは知っています。なぜなら、死んだ人は誰でも罪から解放されました。私たちは、キリストと一緒に死んだのなら、私たちもキリストと一緒に生きることができると信じています。私たちは、キリストが死者の中からよみがえられた以上、再び死ぬことはできず、もはや死は彼を支配することはないことを知っています。彼が死んだ死は、罪のために一度死んだのであって、彼が生きる命は、神のために生きているのです。それと同じように、あなたがたも、自分自身を罪に対しては死んでいるが、キリスト・イエスにあって神に対しては生きていると考えなさい。」（NKJの訳）

あなたはキリストにあって死んでいます。御言葉には、古いものは過ぎ去り、新しいものが来たという約束があります。ある時、私が治めている状況を裁いていると、ヤハウェは私を親切な心を持って叱りつけました。「息子よ、あなたが裁いているそのこと自体が、この状況に対するあなたの息子としての自覚のなさを如実に表しています。裁くのをやめて、治めなさい。」

すべての被造物は、私たちを見ているので、私たち自身の姿を反映していることを忘れないでください。地上に息子らしさが欠けているとしたら、それは私たちが成熟していないからです。ですから、私たちは責任を取って、幕の向こう側から治め始めなければなりません。その時に

被造物は、地上で起こっていることに対して正しく治める権威ある地位に着いた息子たちに応答することができるのです。私たちが未熟な場所に留まっていれば、周りのすべてのものが未熟な場所に留まることになります。私たちが自分の行動に責任を持たなければ、非常に多くの問題が生じます。逆に、私たちが責任を持ち行動し始めれば、私たちの人生ですべてが花開き、成長していくのです。私たちは、人生において物事を修正するのに役立つ青写真を受け取ることもできますが、私たち自身が働きをしなければなりません。その働きは、神様ではなく息子としてのあなたに託されているのです。

ヨハネの福音書では、イェシュアとニコデモが、新しく生まれるということについて議論しています。ニコデモは、人はどのようにして母の胎内に再び入ることができるのかと質問しています。**ヨハネの福音書3:9〜12**で聖書が語っていることは、「『そんなことがあるでしょうか。』とニコデモは尋ねた。『あなたはイスラエルの教師です。』イエスは言われた。『あなたはこれらのことが分からないのですか。わたしたちは知っていることを話し、証言します。わたしたちが見たことを語っても、あなた方はわたしたちの証を受け入れない。わたしが地上のことを話しても信じないのだから、わたしが天のことを話したらどう信じるのですか。』」（NKJ の訳）

イェシュアの反応は、私の心に何かを呼び起こさせました。はたして、この世に存在しないものをどうやって理解すればいいのか。イーンをはじめとする私たちのコミュニティーの人たちは、奥義と呼ばれるものを実際に歩み、またそれを私たちに教えて基礎となる土台を与えてくれました。それなので、仮にとても説明できないようなものが来たときに、たとえ地上に似たようなものがなくても、そこに留まるための土台

ができています。ヤハウェは、私たちにこの土台を築く能力をも与えてくださっています。

　弟子たちは、生命も危ぶまれるような嵐に巻き込まれた時に、イェシュアを眠りから起こしました。イェシュアは風と波の背後で働いていた霊を叱りつけた後に、弟子たちに向かって、彼らを叱りました。彼らは信仰が薄いと言われたのです。なぜそのように言われたのでしょうか？それは、イェシュアが弟子たちのために嵐を静めるのではなく、ご自身と一緒に歩き続けてきた弟子たちが、自分たちで嵐を静めることができるようにしたかったからなのです。

　今、あなたの人生の中で、ヤハウェに助けを求めているのにもかかわらず、何も起こっていないことがあるかもしれません。もしかしたら、ヤハウェはあなた自身がそれを始めるのを待っているのかもしれません。もしあなたが、自分のビジネスがうまくいっていないと言っているとします。もしあなたが、事業が失敗していると告白しているだけであるなら、はたしてヤハウェは救いに来てくれるでしょうか？そうはされません。なぜなら、あなたがそのビジネスを治めるべきだからです。**箴言18:21**に書かれている「舌は生と死の力を持ち、舌を愛する者はその実を食べる。」（NKJの訳）という御言葉が実現しようとしているからです。

　治めるためには、そのことを理解する必要があります。私たちは自分の問題や、自分を未熟な状態に留めているものに対処しなければならないのです。私たちは、ヤハウェが私たちの心に何を語りかけているのかを知るために、ヤハウェとの時間を過ごす必要があります。これは、個人的で親密さが重視されている場所で行われます。フェイスブックやソーシャルメディアの場所では決してありません。私たちは、人間の

賞賛を頼りにヤハウェとの歩みをするのか、それともヤハウェご自身によってのみ支えられて続けて行くのかを選択しなければなりません。

第5章

祈りの答え

　この本を書くことは、何という喜びであり、楽しみでしょう！今の私には、**ヘブル人への手紙12:2**でイェシュアについて次のように語られている理由がわかるのです。「私たちの信仰の創始者であり完成者であるイエスに目を留めましょう。イエスはご自分の前に置かれた喜びのために、恥を忍んで十字架に耐え、神の御座の右に座られました。」（NKJ の訳）これは、ヤハウェがいかに良い方であるかの私と妻の証なので、この章は私にとってはとても大切です。

　ニュージーランドでクレイトン夫妻と一緒に集会をしていたとき、礼拝中にヤハウェは私をご自身の中に連れて行き、まだ地上に来ていない私の同世代の人々を見せてくれました。彼らは、私たちに長年分け与え続けて来てくれた雲の証人と一緒に弧を描いていました。今、私たちが雲の証人に敬意を表しています。そして、彼らは私たちの未来の世代と弧を描くことがでるのです。私たちは不毛の季節にいると感じていましたが、あの日、霊の中である光景が開かれたのを見ました。未来の世代が「そうだ、私たちの時代だ！私たちは今、行くことができます。」と言っていました。なぜでしょうか？それは、彼らが着地できる土台が築かれたからなのです。この新しい世代は、私たちが夢見てきたことを満ち満ちた様で担い、自分たちの相続財産にまっすぐに歩んでいく世代になります。それは、私たちが先に歩んだ人たちと弧を描くことを選んだからなのです。

今、私たちは、新しい日、つまりかつて地球上になかった喜びと解放の新しい季節に足を踏み入れていると信じています。これを見事に表現している聖句があります。イザヤ書54:1、「不妊の女よ、子を産んだことのない者よ、歌い出し、喜びの声をあげよ。荒れ果てた女の子は、夫のいる女の子よりも多いのだから。」（NKJ の訳）

私は、多くの犠牲を払いこの道を開いた先駆者たちに、永遠に感謝の意を表したいと思います。彼らのおかげで私たちはこの旅を歩むことが出来るのであり、また自分たちが本来どういう者であるかということをよりよく理解できるようになったのです。

イーンとケイト、グラントとサム、多大の犠牲を払って道を作り、その新しい小道へと私たちを導いて下さった大勢の人々に深く感謝します。彼らは、「恐れと死に基づく宗教に満足して生きるよりは、代価を払う方がましだ！」と言ってきた人々です。私たちは、キリストにあって既に死んでいることを知っていますが、今、私たちは息子としてのあるべき正当な位置に復活したのです。

　メラニーと私の証を共有しますので、どうかこの証をあなたの心に大切に留めておいてください。あなた自身の人生にヤハウェの現れを体験できるように、あなた自身が踏み込んでいく雰囲気を生み出してくれることでしょう。私たちが、子供をつくり家族になることを決めた時には、家族になるのは簡単なことだと思っていました。しかし実際には、それどころか、5年間も私たちは子供が出来ない旅に出ることになったのです。その間に、私たちは自分自身について、またヤハウェの私たちに対する心について、多くのことを学びました。この期間に

多くの人々が優しい、励ましの言葉をかけてくれ、少しでも平安をもたらそうとしてくれました。しかし、実際には、ヤハウェの善さを疑う季節に突入してしまったのです。

私たちは意図的に話しているわけではなかったのですが、4年目になると人々が心臓予知機能（カーディオ グノーシス）で私たちの心を感じるようになっていました。善意にあふれた人々の中には、「教会はあなたの肉体的な赤ちゃんであり、これはヤハウェがあなたに与えたものなのではないでしょうか。」と言いました。私たちは、人々が少しでも私たちを慰めようとしてくれているのに気づきました。しかし、それはある種の妥協であり、ヤハウェの心から出たものではありません。私が行ったカウンセリングで最も成功したのは、話すことよりも聞くことに重点を置いたときでした。実際のところ、人はただ聞いてもらいたいだけなのです。

　ある日、車で家に帰っている時に、ダビデ王がしていたように、ヤハウェに正直に話したことを覚えています。彼は、主に対してありのままで正直に、隠し事をせずに心が透明であり続けるのが、いかに大切であるかを知っている息子でした。私はヤハウェに向かって、「私たちにはたくさんの預言の言葉が与えられています。あなたにはとても腹が立ちます。なぜこれ程までに難しいのでしょうか？」車を運転していると、フロントガラスが開かれて、向こう側の領域で、3歳くらいに見える小さな女の子が御座の前で踊っているのが見えました。そして、その次元は閉じてしまいました。私はあまりにも圧倒されてしまい、車をわきに寄せて止めなければなりませんでした。それから、ヤハウェの前で私は泣き始めました。すると、主は私の心にそっと、「この子は、あなたの子どもですよ。」と語って下さったのです。

　さて、信仰とは期待するものを確信し、見えないものを確認することで

す。そして、ヤハウェは私にこうおっしゃいました。「あなたは、今あの子を持つこともできます。でも、まだあの子にとってはその時が来ていません。しかし、あなたが選んで構いませんよ。」その瞬間、私は自分の願望と主の願望が一致していないことに気づかされました。

ヤハウェは私を信仰による旅に連れて行ってくださり、期待されるものの実体となるもの、まだ見ぬものの証拠となるものを示してくださいました。私は、「時が来てこの領域に起こるまで待っている間、どうしたら私の出会った現実とその素晴らしさを常に持ち続けていけるのでしょうか？」と主に尋ねました。ヤハウェは答えて言われました。「息子よ、それはあなたの賛美によって、また賛美を通してです。」私はイザヤ書でこの聖句を読んだことがありましたが、どのように実践すればよいのかわかりませんでした。続けてヤハウェは、「もし、今日、あなたの妻メラニーが妊娠していることを知ったら、あなたはどうしますか？」と言われました。私は即答しました。「地球上で一番幸せな男になって、喜びのあまり飛び跳ねて、あなたを賛美します！」ヤハウェは、「そうです。それが、あなたの賛美です！ 」と答えられたのでした。

この過程で、私は、待っていることがすでに起こったかのように賛美する必要があることを理解しました。このように主を賛美することで、約束を引き寄せるための土台を作り、それが私たちの上に留まり、現実となるのです。この出会いから2カ月経った時のことです。私が帰宅すると、メラニーが妊娠検査薬を手にしていました。線が2本ありました。私は検査結果を見てから、頭を上げて彼女を見ました。2本の線が何を意味するかは心の中で分かっていましたが、興奮しながらも困惑した声でメラニーに尋ねました。すると、メラニーは心の中で喜びながら答えたので

した。「赤ちゃん！私、妊娠しているのよ！」私はすぐに、同じように興奮を繰り返しながら言いました。「ワォー、何て素晴らしいんだろう！これは、凄い！凄い！凄いぞ！」この嬉しいニュースを知った時に、これほどまでの興奮を経験しようとは思ってもいませんでした。思わず膝をついて「ワォー」と言ったのを覚えています。私の2ヶ月前の出会いが、まさに現実となったのです。

　それは、ヤハウェの善が、神の王国の領域から私の未来の現実を示し始めたのです。ヤハウェは混乱し葛藤しているあなたの心を和らげるために、約束を示してくださいます。それは、あなたの心が更に深く神がどのような方であられるのかを知るための親しい関係の場所に立ち、神によって教え導かれてあなたがその約束を自分の現実としてもたらすためなのです。私は再び礼拝について、いったい賛美のいけにえを捧げるとはどういうことなのか、どのようなものが真の礼拝なのかということを学び直さなければなりませんでした。当時、私の娘はまだ天の王国にいましたが、彼女自身がその賛美のいけにえになりました。勿論、旧約聖書で起こった形とは違いますが、ヤハウェはいけにえの上に降りて来て下さいます。私がヤハウェと最も深い関係を持ったのは、娘が賛美のいけにえになったこの時期でした。ヤハウェはこの時期、私の心に語りかけ、こう言われました。「息子よ、この瞬間にわたしを礼拝することを学んで欲しい。祈りの答えが来たら、二度とそのような礼拝はできなくなるからね。」

　私があなたに望むのは、夢が現実になるのを見たくて心が痛み疼く時にこそ、ヤハウェを礼拝することに心を向けて欲しいということです。なぜなら、あなたの願いが成就したときには、あなたはもはやその様なレベルでヤハウェを礼拝することはできないからです。この歩みをしっかりと実践していくと、ヤハ

ウェとの関係をより親密なものに育てていけます。なぜなら、あなた自身が自分の感情に従っていらだつ事を選ばずに、むしろその願望が捧げものになるのを許す選択をしたからです。私は主の良さを味わったので、二度と主に対して気分を害することはないと知っています。いらだちや怒りをもつと、道を踏み外し、悪循環に陥ってしまいます。そして、主が既になさったこと、そして今もし続けて下さっていることに向かわず、逆に主がされてもいないことに焦点を当てて、意気消沈した状態に陥ってしまいます。これらは全て、あなたが心の中で「私はとてもがっかりしている。」と言った一瞬の出来事に基づいています。知らず知らずのうちに、そのごく単純な何気ない言葉がゴミ箱の扉を開き、いつの間にか、主の願望ではなくて自分の望みを追い求めて孤立してしまうのです。

ヘブル人への手紙13:5bには、「わたしは決してあなたを離れず、また、あなたを捨てない。」とあります。主から心をそむけ、つぶやくのは、私達ですが、私たちの思いの流れと心を再調整するだけで、主のもとに戻れるのです。このことで、あなたが常に握っておける素晴らしい聖句があります。**詩篇16:11**には、「あなたは私に人生の道を知らせ、あなたの前で私を喜びで満たし、あなたの右手で永遠の楽しみを与えてくださいます。」（NKJ の訳）とあります。

今日、私は多くの父親たちのように、私のプリンセスである娘の小さなかわいい指と指切りをします。このような当たり前の、それでいてとても深い娘との関係から、私が夫であり父親として学び培ってきた愛は信じがたいものでした。なぜなら、それによりヤハウェの心の一片を見ることが出来るようになったからです。そして、私は天の父のようになりたいのです。私の娘、オライアは現在5歳で、美しく素晴らしい母親にそっくりで

す。

　オライアが生まれた後、正直なところ、何かが開けてきたので、次の赤ちゃんを授かるのは簡単であると思っていました。しかし、2人目を授かることなく、すでに1年半が過ぎ私たちは振り出しに戻ったような気持ちになりました。ヤハウェの善意とブレークスルー（困難や障害の突破）を味わった後に、また以前と同じ立場になったときには、あなたは自分の体の向きを変えて、神様が最初に与えてくれた良さをもう一度見て、神様ご自身のことを自分に言い聞かせなければなりません。

　2019年8月、この困難な時期に、私たちはギルフォードにいました。その時に、絶望的な状態の私たちのもとにグラント・マホーニーがやってきました。彼は私たちに対してトレード（交換/取引）をして、私たちがまだ見ることのできなかった「息子を見た。」と話してくれました。そして、彼は「あなたたちの時が満ちているので、今、あなたの息子は生まれて来ようとしている 。」と言ったのでした。

　ヤハウェは、私を**第二サムエル5:17〜25**の聖句の一部に導いて下さいました。ここでは、ダビデがイスラエルの王となり、エルサレムを征服した後、ペリシテ人が総出で彼に立ち向かってきました。ダビデは主に尋ねたところ、ヤハウェは彼にある特定の戦略を与え、ダビデはそれに従った結果、ペリシテ人は敗北しました。その後、再びペリシテ人がダビデの前に立ちはだかり、ダビデは前回と全く同じ状況に置かれました。私たちは、このような状況で以前と同じことをすぐに行いがちですが、ダビデは再び主に尋ねました。この時、ヤハウェは彼に異なる指示を与えました。

ダビデが持っていたこのヤハウェとの関係は、聖なる国民である私たちが継続的に歩んでいかなければならないものであることに気づかされました。メラニーがオライアを妊娠する前、ヤハウェは私に、主の救いを見るために主を賛美するように指示されました。今回のジュダ・リーの時は、彼が生まれて来るために争わなければならないと言われました。最初のときは争う必要がなかったので、私はすぐにその意味をヤハウェに尋ねました。色々な事が開かれ始めており、私は自分が本来いるべき場所に位置していました。以前にそのような働きの場を設けて下さった人々に私は心から敬意を払います。いつも理解できているわけではありませんが、それでも私は自分自身で食卓に来て食事が出来るようになったのです。もしあなたが奥義に心を捧げ、ヤハウェに「YES、はい。」と応答したならば、ヤハウェはあなたを魅了し、あなたを変えて下さるでしょう。

　ローマ人への手紙12:2には、私が長い間心にとめて思いを巡らせて来たことが書かれています。「もはやこの世の型にはまらず、心の一新によって変えられなさい。そうすれば、神の御心が何であるか、すなわち、神の良い、喜ばれる、あるいは完全な御心を試し、承認することができるでしょう。」（NKJ の訳）聖書は、私たちがこの世の型に合わせるのではなく、変貌するようにと言っています。「変えられる」という言葉は、変貌山でのイェシュアを表現するために聖書で使われているのと同じ言葉です。私たちの心は、イェシュアが変貌されたように全く違うものに変えられるべきです。

　この聖句を新しい理解で読んだとき、それまでに起こったいくつかの事柄に私がどれほど腹を立てていたかがわかりましたが、それは私の心が私の思いに抗議をする機会を与えていたのです。私たちの思いは、

私たちの霊の生徒にならなければなりません。そのことによって、私たちの霊の人が私たちの思いを変え始めます。私たちは、思いは考えずに、色々なものを保管する場所として機能すると思っています。**箴言23:7**には、「人が心で考えるように、その人もそうである」（NKJの訳）と書かれています。ここでは、「心が考える」と直接語っています。【考える】のは【心】だと言っているのです。つまり、私たちは心に働きかける必要があるのです。

　私がヤハウェと神の国の事柄に関わるとき、私は自分が天の学校にいると考えます。そこは、私は自分に開かれた領域について学べる場所です。そうして初めて、私はヤハウェの意志を試し、承認することができるのです。しかしそのためには、自分の心を再調整しなければなりませんでした。以前、潜在意識についての教えを聞いたことがあります。私は、古いシステムが私の人生を動かしている心の一部に連れて行かれた経験があります。このことをもう少し明確にするために、例を挙げて説明してみます。車の運転の方法を習う時には、まず最初に運転するためのすべての動作を考え、それから順序を正しくしなければなりませんでした。きちんと運転するためには、それらが必要です。最終的には、いちいち考えなくても運転できるようになります。それは、潜在意識が意識と弧を描いて、「私はこれを学びました。意識が他のことを考えられるように、それを潜在意識に引き継がせてください 。」と言うのです。そうなるとあなたは、どのギアがどこにいれる必要があるのか、足はどこに置いて操作する必要があるか、ということは考えなくても全てがうまくいき運転できるのです。

　そして、車を運転するときでも、夕食に何を作ろうかと考えたり、ラジオの曲に合わせて歌うこともできるのです。それは、どうしてでしょうか？な

ぜなら、あなたの潜在意識が「わかった！」と言っているからです。イーン・クレイトンや他の素晴らしいラビ（ユダヤ教の宗教指導者）が奥義を語るとき、私たちの心は「そうだ、その通りです！」「これは、凄い！」と言います。しかし、私たちの潜在意識は、言い続けているのです。「彼らは私のことを忘れている。今までと同じように私がしている限りは、この教えを聞いた1週間後には、彼らは以前と同じ古いパターンに戻ってしまうだろう！」私たちの心がいるべき場所に来ないのは、潜在意識がまだ自動的に働いているからなのです。

　教会時代に教えられてきた様々な教理が、潜在意識の中では今でも働き続けています。その中には、より大きくて深い真理に直面すると抵抗し始めるものがあります。その良い例が「携挙」に関する教えです。私たちの潜在意識は、いずれかの段階で携挙が起こるということを聞き慣れているので、私たちの心が理解に至らないのです。なぜなら、潜在意識が、「もう、分かっている。携挙は起こる。」と言い続けているからです。

　また、潜在意識との出会いの中で、心が思いに教え、思いが潜在意識を全く違うように変え始めるためには、私自身がこの部分を治めていかなければならないことに気づいたのです。変貌（トランスフォーメーション）しつつあることを自覚し始める所まで辿り着かなければならないのです。これは、とても大事なプロセスです。

　ダビデ王も、私たちと同じ様に内なる戦いに直面し、同じ様に人々を巻き込み、同じ様に勝利を収めましたが、その過程はそれぞれ異なっていました。私たちが神の息子（神の子）として成熟していく旅を続けるにあたり、最後にこの言葉で締めくくりたいと思います。あなたが必要とするものはすでに来ているのです。あなたは自分が望むもの

を追い求めなければなりません。ヤハウェが、あなたの為にくれるわけではありません。それは、あなた自身がすることなのです。メラニーはギルドフォードにいたときにある遭遇がありました。そのことにより、彼女は聖霊にとても敏感になり、聖霊との関係を今でも追い求めています。ある日、彼女はジュダ・リーの誕生までの旅が本当に大変だったと聖霊に話したところ、聖霊はこのように答えられたのでした。「ヤハウェは、今すぐにでも来て、あなたに答えを教えることはできますが、あなた自身がその答えそのものになるように、私（聖霊）があなたの中で変貌（トランスフォーメーション）を完成させるまで待っていてほしいとヤハウェに頼みました。」

　ヤハウェは、私たちの成熟と成長に、刈り込みという形で報いてくださいます。刈り込みは、訓練の一部だと以前は思っていましたが、ヤハウェが語って下さったので、それが違うことを今では理解しています。「もし私が刈り込みをしなければ、それに等しい実しか結ばないのだよ。息子よ、あなたがより多くの実を結ぶように私は刈り込みをしなければなりません。」と、ヤハウェはおっしゃったのです。あなたが人生の中でそのような刈り込みのステージを通る時には、それを受け止めてください。あなたの中に素晴らしいものがあるからこそ、刈り込みをしなければならないとヤハウェはおっしゃるのです。誰も刈り込みが素晴らしいとは言いませんが、私たちは、その時に主の御翼の影の下に住むことが何を意味するのかを学ばなければなりません。あなたを深く愛しておられる父の息子であるという立場に慰めを見出すことを学ばなければなりません。なぜなら、あなたへの心がなかったとしたら、ご自身の一人息子をお与えになることは無かったでしょう。主はあなたの完全な姿をずっとご覧になっておられるのです。

第6章

責任を取る歩み

　それは、息子としての関わりに基づいた新しい日の夜明けであり、私たちが追い求めているものが実現するのを見ることであり、それは確かに私の心の鼓動そのものでもあります。**詩篇118:24**には、「これは主がお造りになった日であり、私たちはこれを喜んで迎えよう。」（NKJの訳）と書かれています。

　私たちには、感謝すべきことが沢山あります。主は良き方で、その約束はYESであり、アーメンであり、忠実な神であられます。私たちが主と位置を合わせて一致することによって、民族として、都市として、また国家として、信じられないようなことが生まれてくるのを見始める様になります。私たちの上にあるヤハウェの善意によって、私たちの個人的な人生の天幕が広がり杭が強固にされるのを見るようになります。私たちはよく、ヤハウェに天幕を広げ杭を強固にしてもらうように頼みますが、これは聖書的には正しくありません。**イザヤ書54:2**には、「あなたの天幕の場所を広げ、あなたの天幕を広く伸ばし、ためらわず、あなたの綱を長くし、あなたの杭を強くしなさい。」（NKJの訳）と書かれています。聖書は、自分の住居を広げるのは、ヤハウェではなく、自分自身であることを明確に述べています。あなたが広げると、ヤハウェがそれを満たしてくださいます。

　ヤハウェの恵みが私たちの上に注がれていることをとても感謝していま

す。それは、私たちが、神のご性質や神の国の働きのある側面について、新しくされていない思考や態度で制限された真理を信じているときに、主が助けに来てくださるからです。私たちがこのように祈ると、ヤハウェは私たちの声を聞いて、「あなたの理解は70％正しいから、恵みをもってあなたの足りないところに来て私が助けます。あなたの心が堅いことを私はわかっています。」とおっしゃって下さいます。しかし、その恵みが引き上げられる時がきます。なぜなら、主と共に歩み成長し続けて成熟に至るべきだからです。

　私たちは、御言葉の乳だけにとどまるのではなく、成長を支える堅い食物に移らなければなりません。私たちの中には、これとは別の教え/流れの下にいた時に、すでにそれまで食べていたものでは成熟できないことに気がついた人もいます。昔の教えを今も食べ続けていたら、それしか見えなくなり、それだけで終わってしまいます。いつもそこにある聖書の真理を、別の視点や角度から伝え始めた瞬間、人々は御言葉には肉が宿っていることに気づくのです。この啓示は、息子である私たちがより深くアクセスするためのものなのです。

　聖書では、目がゲートウェイ/出入り口で、目に映るものが実際に自分の一部になることについて言及しています。**第二コリント人への手紙3：18**には、「そして、私たちは、顔をあらわにして主の栄光を映し出し、霊である主から来る栄光をますます増して、主の似姿に変えられています。」（NKJの訳）と、書かれています。

　私たちには、肉体の目と霊の人の目という2つのセットがあります。肉体的な目にさまざまな側面を見させて、これから述べるように、それらを見続けていると、それらのものが潜入してきて自分自身になっていきます。

この章で私が取り上げたいのは、4つの思考の礎となるものです。私の願いは、皆さんがこの教えに基づいて黙想することで、成熟した場所へと導かれて行くことです。コミュニティーとしての私たちは、ネガティブなものにばかり目を向けているため、黙想の仕方などすっかり忘れています。悩んだり、不安になったりするのには、努力はいりません。自然にできます。では、なぜそうなるのでしょうか？それは、神の国の全ては、信仰によってアクセスすることが必要だからです。それによって、息子として別の方法で機能できる能力が与えられ、制限された真理を私たちの人生にもたらすものを支配し始めていくことができるのです。私たちは、それを追求しなければなりません。

　マタイの福音書7:7〜8には、「求めなさい、そうすれば与えられ、探しなさい、そうすれば見いだされ、たたけば戸が開かれます。求めれば与えられ、探せば見いだされ、叩けば戸が開かれる。」（NKJ の訳）とあります。人生のただの統計の一つになりたくなければ、何かをしなければなりません。政府組織の立場に立つための武器を持っていないので、敵はあなたに言いがかりをつけてきます。息子として、父の家がある別の領域/次元から活動する必要があります。

　個人的には、私たちは思考の力をまだ充分に理解出来ていないと思っています。今回は、ユダヤ人が大切にしている隠れた逸品をご紹介したいと思います。ユダヤ人は、思考が周波数を生み出し、考えていることを引き寄せることができると信じています。パウロは**第二コリント人への手紙10:5**ではっきりとこう言っています。「私たちは、神についての知識に逆らおうとする議論やあらゆる障害物を打ち砕き、全ての考えを捕らえて、それをキリストに従わせるのです。」（NKJ の訳）

思考がそれほど強力であるならば、どうすれば自分たちの思考に打ち勝つことができるのでしょうか？鍵となるのは、すべての思考を捕らえることです。つまり、私たちの人生に制限された真理をもたらそうとしているそのものを投獄するのです。私たちの思考の生活はとても重要なので、思考を変える能力を持つ必要があります。**ローマ人への手紙12:2**には、「もはやこの世の型にはまらないで、心の一新によって変えられなさい。そうすれば、神の御心が何であるか、すなわち、神の良い、喜ばれる、完全な御心を試し、承認することができるでしょう。」（NKJの訳）と書かれています。

　聖書には、私たちの心を新たにする必要があるとはっきり書かれています。なぜなら、それは私たちが見ているものについて考える能力を与えてくれ、それによって私たちは変貌（トランスフォーメーション）できるからです。心が真理に触れると、真理が見えてきて、私たちが熟考していることを新たにするための思いとリンクします。私たちが、黙想することで、思いや考え方の文化が形成され、それが音や周波数を生み出して現実をもたらすのです。このことを明確にするために、例を挙げてみましょう。私たちが教会で一緒に集っているときに、ある人にはヤハウェや天使の領域との出会いがあり、その一方で隣の人は昼食に何を作ろうかと考えているでしょう。このように、同じ場所にいても、その人の思考や心の状態によって、2つの異なる体験をすることになるのです。

　神の国の奥義とは、あなたの心がその現実となるものを追い求めることです。クリスチャンとしての歩みの中で期待されているから教会の集会に出席しているのであれば、それは自分のささやかな旅の中でできる限りのことをしているだけです。もしあなたがヤハウェとその次元や領域を追い求

めていないのならば、今あるもの以上のものを得ることはないでしょう。なぜなら、追い求めることで、奥義に対する食欲が生まれ、それが自分のいたい場所であることに気付き始めるからです。

クリスチャンの生活は、様々な規律で知られるべきではなく、神に対しての情熱で知られるべきでした。規律とは、ヤハウェを追い求めようとしない民に与えられた律法であり、彼らはヤハウェを追い求めなかったので、ヤハウェが彼らに語りかけることができる律法を与えられたのです。ヤハウェは、息子としての位置付けられた立場から、ヤハウェと向き合って、ヤハウェの輝きの美しさを見ることができる民、残された人々（レムナント）を待ち続けておられます。

パウロは、新しくされていない人間の体が地上でどのような働きをしているかという問題を取り上げ、**ローマ人への手紙8:6～8**で次のように書いています。「罪深い人間の思いは死ですが、御霊に支配された思いはいのちと平安です。罪深い思いは神に敵対し、神の律法に服さず、また服すこともできません。罪深い性質に支配されている者は、神を喜ばせることができないのです。」（NKJの訳）パウロは肉体を軽視したのではなく、その機能に対する理解を生み出したのです。私はこのように言いたいのです。どうか、自分の体は、自分と一緒に行くという考えを愛するようになってください！私たちがイェシュアを見つめるとき、私たちはイェシュアの体の中で見るようになります。**詩篇139:14**で、ダビデはこう書いています。「私は恐れを抱くほどに、すばらしく造られているので、あなたをほめたたえます、あなたの御業は何とすばらしいことでしょう。私はそれをよく知っています。」（NKJの訳）

あなたの体はあなたと一緒に行くのですから、自分自身を愛しましょう。パウロは、体が腐敗していると言っているのではなく、処理すべき腐敗した種を取り扱う必要があると述べていたのです。その理由は、私たちの体が、かつての本当の私たちの姿に調整されるためです。私たちのDNAの細胞構造は、私たちの体のために代価を払ってくださった御方の実体を輝き放ち始める必要があります。私たちの体には、服従しなければならないものがあります。そのことによって、ヤハウェご自身が、私たちの中に、同時に私たちを通して現れて来ます。そして、私たちが息子としての正当な地位に着き、地上にヤハウェの王国の構造を築き始めることができるのです。だからこそ、私たちは自分自身のクリスチャンとしての人生に責任を持たなければならないのです。

地球上で息子としての役割を理解すると、なぜ人間には肉体があるのかが分かってきます。私たちの肉体は、私たちに創造物と対話する能力を与えてくれます。そのため、霊で起こっていることが肉体を通して伝わり、DNA構造に影響を与えるのです。私たちが地上と関わりを持ち始めると、ゲートが開かれて神の世界が私たちに来て現実となります。私たちには、それを見る能力もあります。そのゲートは私たちの体であり、私たちがヤハウェとの歩みに責任を持つときに起こります。私の人生の旅の中で、私たちクリスチャンは責任を取りたがらないことに気がつきました。それは、自分の選択の結果を自分の責任として処理しなければならないからです。人によっては、自分のしたことの責任を取らずに、誰かのせいにした方がいいと思っています。

私たちが責任を持つことで、私たちの行動はいのちを生み出します。このことは、神の王国が地上にもたらされるのを見るためには、自分の

あるべき姿を変えなければならないことに気づかされます。これは奇跡によって起こることではなく、神の息子たちが自分の本当の姿を理解することを通して実現します。その時、物事がシフト（変化）し始めるのです。

　私たちは、自分が真理だと思っていることに、より多くの注意を払う傾向があります。この喩えを考えてみて下さい。私がヤハウェとのある出会いを話そうとしているとします。まだ存在が特定されていないある惑星を、息子である私たちにヤハウェが啓示されたとします。その惑星は、これから明らかになり香りを放ち始め、環境を変え始めるでしょう。それは、私たち全員に影響を与えます。私の発言に、多くの疑問が生じることと思います。素晴らしいニュースだと感じる人もいれば、奇想天外な話だと思う人もいるでしょう。

　もし私が、科学者が太陽系内に未確認の惑星を発見し、それは私たちのコミュニティーに水を生みだせるだろうという記事を、読み上げたのならば、「エキサイティングなニュースだ！」と言って、自分で記事を読みたいと思う人たちもいるでしょう。この2つの話の違いは、1つは霊的な出会いで、もう一方は物質的だということです。あなたの心が奥義を見つめているとき、そのレベルの真理はあなたの人生において明らかになりますが、他の人はその話が科学的に証明されるまで信じられないのです。

　私たちの肉体は、自然/物質的な中に位置しているので、それを真理として認識するためには、実際にそれを見極めるための物理的なレポートが必要です。別の言い方をすると、「見ることは、信じることである。」ということです。ヤハウェは私たちを、物理的な世界の法則を超えた場所へと呼んでいます。それは、あちらの世界の現実がこの世界に入ってくるのを見始める

ことであり、それが私たちの受け継ぐべき相続分なのです。驚くべきことに、やがてエクレシア（神の国に仕えるために、集められた群れ）が奥義の領域に関与する能力を持つようになると、そこに新しい惑星を見て、それに名前を付け、創造の中に存在させることができるようになります。私たちが本当の相続分を見つめ始めるとき、科学者たちは物理的にそれを証明するでしょうが、息子である私たちはすでにそれを治めているのです。

　肉眼で見たものが自分の現実となり、私たちは自分の考え/思いに基づいて人生を形成し始めます。これは、私たちの中にあるDNAに由来する信念体系の結果です。そして、私たちは自分が信じていることに従って生きているのです。聖書の中で、ヤハウェは私たちが主の道を追求することを望んでいるので、私たちの信仰概念がいったいどこから来ているのかをチャレンジされているのが分かります。ヤハウェは、私たちが他の人の体験を聞き、それをそのまま受け取るのではなく、聖書を黙想し、奥義に携わることによって、主の真理がなんであるかを追求し、それが私たちの現実となり、また証となることを願っておられます。もし私が何かを分かち合って、あなたがそれを疑問に思ったり、自分で追求したりせずに受け取るならば、それは私のもののままで、あなたはただそれを借りるだけにすぎなくなってしまいます。

　私は、「言葉と香り」ということについて触れたいと思います。ヤハウェは地の面で新しいことを始められており、その結果、今起こっていることを表現する言葉が必要になっています。しかし、単に聞いたことがあることを話すのと、実際に私たちが追い求め、信じてきたものの香りを携えて言うのでは大きな違いがあります。単に情報を受け取り、それを表現するために使われてきた言葉をそのまま使うのは、あなたが何かを教えてもらい、自

分自身でそのことに実際に関わり、それが自分の一部になっているのとは大きな相違があります。実際に細胞レベルで自分の一部になっていない言葉を使っても、それにより創造を始めることは出来ません。それは単なる思考上での同意にしか過ぎません。

　以前にもとりあげた**第二コリント人への手紙10:5**から、私たちは自分の思考の生活の重要性と、ヤハウェの真理と制限された真理との違いを理解し始めます。私達の考え方や思いが私たち自身が何者なのかを形作っていくのが分かるので、もし私たちがすべての否定的な考えを虜にするようになれば、私たちは制限された真理からではなく、心から考えるようになり、変貌（トランスフォーメーション）が起こってくるのです。

　私たちは、今まで教えられて来たように、ヤハウェが私たちのために全ての事をして下さるのではないことを理解する必要があります。それどころか、ヤハウェは私たちに語りかけ、私たちを地上の息子として鍛え、形作ってくださいます。そうすることで、私たちに属しているものへの所有権を獲得し、自分の行動に責任を持ち、その肯定的なものと否定的なものの両方を含めて、自分の選択の果実を食べられるようになるためです。これは、ヤハウェと繋がっていることがいかに重要であるかを示しています。なぜなら、私たちが地上を歩くとき、私たちの周りに、私たちが食べているヤハウェの王国の豊かさを生み出すからです。私たちと一緒に歩く人たちも、その中から共にあずかることができるのです。聖書に登場する人々は、男性であっても女性であっても、ヤハウェにあっての自分の権威の中で歩んでいました。自分の思考の生活が、何をするにも影響をあたえ、それらが形をとって現れて自分の相続分となるのを知っていました。新たにされていない思い、古い思いのままで、彼らの物語を読むならば、「ヤハウェが降りてきて、

彼らのために全てを成し遂げてくれるなんて、何と素晴らしい神様なのでしょう。」というように反応するかもしれません。

　しかし、いくつかの質問をさせてください。ヤハウェはどこにおられるでしょうか？天におられます。天はどこにありますか？あなたの中にあります。では、ヤハウェはどこにおられますか？あなたがイェシュアを自分の人生に招いたとき、イェシュアはどこに来られましたか？あなたの心の中に来られました。今はどこにおられますか？あなたの心の中です。あなたの心はどこにありますか？それはあなたの体の中にあります。では、次の質問です。そうであれば、あなたの体はどれくらい重要なのでしょうか？

　私がこれらの質問をするのは、あなたの心があなたの体の中にあり、あなたの体が地球上にあることを確認するためです。天の国の領域を持つあなたの心を受け入れているのは、あなたの体なのです。つまり、あなたがここにいるからこそ、ヤハウェの王国の完全な姿がこの地上にあるのです。モーセがヤハウェと顔と顔で向き合っていたとき、彼はどこにいたのでしょうか？ヤコブが昇り降りする天使たちと出会ったとき、それはどこで起こったのでしょうか？彼らは自分たちが何者であるかを理解し、ヤハウェと共同で働くことができること、つまり、ヤハウェが自分たちのために一方的に動くのではないことを理解していました。私たちは今、次のことを理解しています。ヤハウェは、私たちのために一方的に動くのではなく、私たちと共に、私たちを通して働かれるのです。つまり、このことは私たちはヤハウェの性質と矛盾するすべての考えを虜にしなければならない事を意味します。

パウロは**ローマ書8章で**、自分の罪深い性質を言い訳にするのをやめて、自分の肉体を自分の管理の下に置く必要があると語っています。私たちの中でヤハウェに対抗しているのは、罪深い性質です。多くの人々は、肉体を何でもないもののように無視していますが、イエス・キリストは、私たちが単にイエス・キリストのある一部の要素ではなく、イエス・キリストご自身になれるように代価を払われたのです。**第一ヨハネの手紙4:17**には、驚くべきことが述べられています。「このようにして、愛は私たちの間で完全なものとなり、私たちは裁きの日に確信を持つことができるのです。なぜならこの世では私たちはキリストのような存在だからです。」（NKJ の訳）別の翻訳では、「主がそうであるように、この世で私たちもそうなのです。」とあります。

　創世記2:19〜20には、アダムが造り出す能力と、そしてそれらのものを自分の下に置き、地球の面に生きている全てのもの、その一つ一つに名前を付けたという記述があります。「神である主は、地から野のすべての獣と空のすべての鳥を造り出された。神はそれらを人のところに連れて行き、人が何と名付けるかを確かめられた。そこで、人はすべての家畜、空の鳥、野の獣に名前をつけた。しかし、アダムには適当な助け手が見つからなかった。」（NKJ の訳）

　ヤハウェは、アダムを通して働かれました。アダムが語るとき、それはあたかもヤハウェが語っているかのようでした。私たちの思いが自分の欲望ではなく、ヤハウェの思いであるならば、私たちもそのようであるべきです。あなたは、自分自身を神の国に置き、ヤハウェの一部となることの重要性を理解して来られたと思います。そうすれば、あなたが地上を歩くとき、あなたの中にあるヤハウェのアイデンティティが、地上でのあなたのア

イデンティティとなるはずです。それは、自分の行いに責任を取りたがらない半端な心で試みをしているキリスト教とは違うのです。

　ヤコブが富を増やした話は、**創世記30:25～43**にあります。ヤコブは、義理の父ラバンのために一生懸命働いてきましたが、ラバンの霊の山の下に住み続けていては、自分の人生の霊の山が十分に繁栄できないことに気づき始めていました。そこでヤコブはラバンに言いました。「あなたのビジネスの上にある座をください。あなたからは盗みませんが、私は自分でそれをもとにして、富を作り出そうと思っています。」これを読んで、私はある会社に勤めていて、これだけしかもらえないと思っている人がいるかもしれません。もし、あなたが自分の座に座っていなければ、それだけしか受け取れないでしょう。（＊訳者補足：私達は、イエス・キリストゆえに、霊的に座りそこから治める座があります。）
ラバンがヤコブに賃金を尋ねたとき、ヤコブに羊の群れをどうするかを指示したのはヤハウェではありません。ヤコブ自身が自分が見つめたものを受け取れる力を理解していたのです。遺伝的に羊の群れを扱うというアイデアはヤハウェの心から受けとったものでした。それは、ヤコブが息子という立場にあったからです。彼は、自分が見つめているものはすべて自分の相続になることを悟りました。ヤコブが治めていたからこそ、群れのDNA構造がどうなっていたのかを問うことができるのです。

　個人の人生、国、大陸、地球を超えて、自分を超えたところで何が起こっているのかを悟り、自分がポジショニングしている位置に焦点を当てれば、主の考えに合わせて自分の考えを変えることができるのではないでしょうか。そうすれば、「大変だ、今日のような環境の下で家族をどうやって養い育てていけばよいのだろうか？」と言うのではなく、「まだ現れていな

いもの」に希望や願望を持つようになると思います。「今の環境でどうやって家庭を築いていけばいいのだろう？このような堕落した地球で子供を育てたくはない。子供を産みたくない。」という夫婦の声を何度も聞いたことがあります。これが、わたしたちの思考の生活の完璧な例です。私たちの思考生活が、私たちの自然の生活を支配し、私たちの自然の生活は、私たちが悪魔の嘘とトレード（取引/交換）したという事実によって、将来の世代へ相続されていく実を支配するからです。

それはなぜでしょうか？それは、これから先の世代に希望が持てないからです。正当な立場に着こうとしている国に希望を持てないからなのです。私たちが見つめているものが、私たちの現実になるのです。しばらく前に、私はニュースやソーシャルメディアなどで耳にした劣悪な真実には関わらないことや、またそれらと共に動かないことを心に誓いました。その数日後、私はまさにそれを実行しました。それなのに、しばらくしたら、ある話題で周りの人たちと一緒に大声で文句を言っている自分がいたのです。私がお話ししたいのは、ネガティブな状況に目を向けると、それが私の心全体に悪い影響を与え、またその日の過ごし方に影響を与え始めたということです。要するに、私が何を見つめていたのか、何に集中していたかということに集約されます。この時、ヤハウェは私の心に語りかけ、「息子よ、私を見つめなさい。」とおっしゃいました。私は、全ての約束が私に向かってくるのを見ました。その瞬間、すべての私の霊が見ていたもの、そして私の心がいつも信じていたものと私の考えが一致したのです。私は新しい日の夜明けを見るようになりました。

ここで、大胆な発言をしたいと思います。あなたの心は過去も未来も知りません。なぜなら、すべてが現在にあり、時間と空間の外におられるヤハ

ウェに心はつながっているからです。心の中で考え始めると、それは時間と空間の外にあります。過去、現在、未来という概念は、自然界にしかありません。あなたがヤハウェの王国にポジショニング/位置しているとき、時間と空間は存在せず、私たちは現在の現実の中で未来を見ることができます。私たちは、預言的な働きを通して、未来に行って時間と空間の外にある真理を見て、それを現在の状況に戻すという賜物が与えられました。

自然界では未来があることを知っていますが、ヤハウェの王国につながっているときには、過去も未来もなく、自分が生きている現在の現実があるだけです。だからこそ、聖書を読むときには時空を超えていることになり、読んでいる内容は当時の出来事ではなく、今起きていることなのです。だからこそ、大祭司は子羊を幕の向こう側、時間と空間の外に連れて行き、それを屠り、そこで起こっていることの美しさと実際を見たのです。それが、彼らにとっては、自然界における翌年の救いだったのです。彼らはどこかに行かなければなりませんでした。私たちの理解では、彼らは最初、基の築かれる前、オリジナルの場所に戻ったのです。

聖書の中で、**マルコの福音書1:15**には「『時が来た。』彼は言った。『神の国は近い、悔い改めて、良い知らせを信じなさい。』」と書かれています。他の翻訳では、「天の御国は近づいている。」とあります。神の国に意図的に関わるには、ある過程が必要だと感じる人もいるかもしれません。しかし私の場合は、ただキリストに向きを変えてキリストという垂れ幕を通して入るだけです。キリストが私たちの裂かれた幕であり、時間や空間の外におられます。それは、息子として見つめている真理のゆえです。そして、私はいつもそこにいるようにされていたのに気づくことができました。

ヘブル人への手紙10:19〜22には、次のように書かれています。
「それゆえ、兄弟たちよ、私たちは、血によって至聖所に入る確信を持っているのです。イエスの幕、すなわちイエスの体を通して私たちのために開かれた新しい生きた道があります。また、私たちには神の家を治める偉大な祭司がいるのですから、私たちは信仰を完全に確信して、心にふりかけられて罪の意識からきよめられ、体をきよい水で洗われたので、誠実な心で神に近づこうではありませんか。」(NKJの訳)

神の国に生きるということは、時間に支配されもしなければ、時間を贖うこともできます。これはすべて、信じることから始まります。信じることができなければ、むしろこれを追求すべきではないのです。
イェシュアは、2つの王国（神の国と地上の王国）の2つの現実の橋渡しをしていたからこそ、「地の基が築かれる前に屠られた小羊」（*注釈：黙示録13:8 NKJ訳）と言うことができたのです。イェシュアは、過去も未来もない場所で、ご自分が屠られた小羊であることを理解していました。その場所に彼は絶えずおられるのです。

これらは、先に述べた、ヤハウェが私に示した**4つの礎石**です。

1、黙想
御言葉を黙想すること。御言葉を（ON）で黙想するのと御言葉に入って（IN）で黙想するのは違います。

2、教え
良い教えを継続的に自分に与えること。私は、常にそこにある真理を自分の糧とし、私が関係を持って歩んでいるリーダーの教えを聞きます。彼らが何をしているかを見るのは、私もそのようになりたいからです。

3、継続的な祈り
祈ることは不平を言うことではありません。それは、ヤハウェとのコミュニケーションであり、意図的に関係を持つことです。

4、礼拝（ワーシップ）
礼拝にはさまざまな側面がありますが、ここでいう礼拝とは、私たちの人生が主への香りとなることです。心の満足のために歌うことはできますが、いつの日か、創造主にとどく音を放ち、創造された全ての存在があなたから流れ出ている音を聞き、見る時が来ます。礼拝とは、あなたがある方に対して抱いている価値をどのように見つめるかなのです。

誰もが、何かを礼拝しています。問題は、その何かとは何であるかということです。多くの人は、家族、車、経済、時間を価値あるものとして大切にしていますが、あなたが見ているそれらのものは、あなたの礼拝の対象にもなります。私たちの人生における問題は、ヤハウェの声が聞こえないことではなく、現実を模倣しようとする他の声を聞く能力があるということなのです。

　私たちは息子であり、諸処の天に座していて、自分の人生のある側面を治め始めることができる能力を持っています。あなたが見つめるものは、あなたがなるものであり、あなたの目が捉えるものは、あなたの人生にそれが現れるまで、倍増するということを理解して欲しいのです。この章を読み終えれば、あなたとあなたの思いだけになります。もしあなたが自分の思いに責任を持ち、それを捕虜にしなければ、その考えがあなたの人生を支配しあなたを治めるでしょう。あなたの旅は、あなたが日々見つめているものから溢れ出るものでなければなりません。

第7章

宗教の霊

　私は、ヤハウェが地上の息子たちである私たちの中でされている働きにとても興奮しています。神は、創造の中で戦略的に配置された息子達に啓示を注ぎ始めてくださり、私たちが本当は誰であるか（霊の世界での正しいアイデンティティ）、そして私たちの中で今なにが起こっているかという奥義が、これから更に現わされて行くのを見ていくでしょう。

　救いの真実に触れ、それを別の視点から見た時、すべてが変わり、自分の中で信じられない変化が起こりました。私の目が開かれたのです。それは、救いとは自分の未来を確保するための祈りではなく、出会いを開くための立場に基づいているという事実を受け入れる決断をしたからです。キリストの中にあるとき、私たちは未来のために生きるのではなく、未来から現在を生きるのです。このプロセスを歩む時に、私たちは、時間と空間の外にいます。私たちは、自分が何者であるかを見つめる時、その実体を創造の中の現実に戻し解放することができるのです。

　あなたが本当のあるべき姿にポジショニング/位置して一歩踏み出せば、この最も輝かしく素晴らしい場所での旅を自ら航行していく際に、何かが解き放たれるでしょう。ヤハウェが思い起こさせてくれるものの中には、いつ

もそこにあったものがあり、あなたはただ、自分が何者であるかという真理を見つけ出すために、それに取り組む必要があるのです。

私が真理の領域に関わり始めたとき、私は「最初に語られた法則/ファースト・メンション」という基礎的な部分に腰を据えて悔い改めなければなりませんでした。最初に語られた法則とは、あなたが初めて耳にするもののことです。そして、あなたの信念体系の中にそれが基盤を築き、その話題がどのように教えられて受け止められたかに基づいて人生を送っていくのです。

あなたは、誰かに導かれて祈りを捧げれば救われると教えられてきたかもしれません。最初に語られた法則が、ここで既にあなたの中に発動し、そしてあなたの信仰の基礎が建て上げられています。ですから、あなたが被造物の中を歩いていて、救いを必要としている人を見たときに、自分に有効だったものを適用することになります。あなたが真理の領域で父のもとに座るとき、父は真理を明らかにし始めます。その真理は、聖書によれば、あなたを自由にします。

私が信じていたことの多くの中には、誰かの下で教えてもらった事、又その教えて下さった人々もその教えを別の人から受けていた事が沢山あることに気づきました。その中には、聖書に書かれていることと矛盾しているものさえ多くありました。自分が最初に聞いたことを、自分が信じているので他の人にも関わってほしいという思い、私がそれを伝えるようになり、そのようなシステムが構築されました。救いの真理に関わるようになった時、私はヤハウェに「天国に行けるのは、祈りによってのみだと信じていて、本当に申し訳ありませんでした。」とは言いませんでした。ヘブル的な悔い改めとは、「ごめんなさい。」と謝ることではなく、ヤハウェの方に向きを変えて、

ヤハウェのみ顔を見て、自分が見つめる真理の姿に変えられることを意味するのです。最初に語られた法則が働いているため、あなたが制限された真理により造り上げた構造/システムがありますが、今度はそれを見るときに、あなたがそこに主の真理を解き放ち、その天の国の中に位置づけられた真理の上に自分の人生を築き始めるのです。これは律法的に制限された真理ではないので、最終的に、あなたの人生に大きなインパクトを与え、ブレークスルー（困難や障害の突破）をもたらします。

誰かがその人のレベルで教えたものに関わっても、そこにある法則はあなたを主との体験には導いてくれません。あなたが真理を見つめ始めた瞬間に、それはあなたがまさに真理に出会い、体験するための扉を開くのです。あなたは自由です。実を結ばせるのは実際の出会い/体験であり、人間が教えた律法/教理ではありません。

今回は、私の心に大切にしてきたこと、つまり宗教に関する真実をお分かちしたいと思います。私はあるコミュニティーのリーダーをしていますが、この3年間で驚くべき変化が起こり始めました。ヤハウェは息子である私の中で信じられないようなことをし始め、そのためコミュニティーは私が指し示すもののイメージを持ち始めたのです。もし私が彼らに、宗教的な構造の上に築かれた宗教的なシステムを指し示していたら、彼らは私が彼らに示しているシステムや構造そのものになってしまうでしょう。もし、私が真理に関わり始め、彼らが私の関わる真理を見て、私が通り抜けて上に行くゲートウェイ/出入口を彼らに示し始めたら、彼らは次のようになり始めるでしょう。その真理に取り組むことで、彼らの変化は、どんなシステムよりもはるかに大きく、信じられないほどの実りをもたらします。

2019年3月、私はオフィスで、長年抱えていた根本的な疑問につい

て、ヤハウェと話し合いをしていました。主に何かを尋ねると、心の準備が出来ていない答えが返ってくるかもしれないので、私はそれについて主に尋ねる勇気がありませんでした。でも、私は尋ねました。「なぜ、教会生活における宗教システムを支える、宗教的な霊が容認されているのですか？その霊は悪霊的な性質を持っているではありませんか！」

多くの教会では、さまざまな悪霊の現れに対処するための「解放のミニストリーチーム」が任命されていることを知っています。これらのチームは、誰かの家に油を注ぎに行ったり、住人を邪魔しているものに立ち向かったりするかもしれませんし、私たちもそのように教えられてきました。しかし、現在の教会の組織システム、又教会の中に宗教的な霊が存在しているという事実について、何らかの会話をするかもしれませんが、それを追求することもなければ、それを容認しているのです。

私がヤハウェに「なぜそれが許されているのか？」と尋ねたとき、ヤハウェの答えはとても印象的でした。「息子よ、教会生活で宗教的な霊が容認されているのは、それが知恵を装っているからなのだ。」と、おっしゃいました。この言葉を聞いたとき、私は文字通り一歩下がって、その言葉をしっかりと嚙みしめ始めました。私は、ヤハウェが私の中に明らかにし始めていることが小さな始まりにすぎず、まだその先が多くあることが分かっていました。あなたが自分の心を真理の中に置くとき、あるドアが開かれそれらのドアと関わりを持つと真理に導かれ、その部分を解放するための真理に触れることができるよう、あなたは、自分の真理になったものだけしか、それを他の人に流すことはできません。

ヤハウェは西暦300年頃までタイムラインを遡り、私にコンスタンティヌスがキリスト教の奥義的な側面を削除し始めたことを示されました。私たち

が誰であるかという完全なものが取引されてしまい、その土地の政府に従うようにさせられたのです。それが、時代を超えて、教会生活全般で宗教的な霊が容認されるようになった理由なのです。教会は現在、本質的にその霊に対し無力であり、アイデンティティの深刻な問題を抱えています。私たちが誰であるかという天の国の側面に関わることはなく、モチベーションを高めるメッセージを通して、いかにして自分の能力を最大限に発揮して良い人になるかを私たちは教えられています。

　教会がこのような状態になっているのは、奥義的な側面が過去に取引されてしまっているからだということが私にはわかりました。宗教的な霊は、教会の組織/システムの中に席を設けています。この席が利用できる間は、この教会の組織/システムは決して完全な状態にはなりません。私たちのあるべき姿と、宗教的な霊が囁く私たちの姿との間には、常に戦いがあります。なぜなら、宗教的な霊は、私たちが輝かしい自由と解放の中に入ることを決して望まないからです。しかし、私たちが真理を見つめ、自分が何者であるかを土台として自分の人生に課せられた使命を理解し始めた瞬間に、私たちの内に存在する巻物は共鳴し始めます。そうして、このプロセスを創造の真っ只中で歩み始めるのです。その時、すべてが変わり、私たちは創造の中で自分が持つ権限と責任を実感するのです。

　私はキリスト教という宗教にトレードされた霊について考え始め、それが知恵を装っていることを知りました。私が何か奥義の話をして、それを聖書で裏付けると、人々は私のところに来て、私が話していることが一言一句聖書に書かれていないと言うのです。彼らは、私が教えていることに違和感を覚え、私たちがコミュニティーとして進むべき方向ではないと感じていました。彼らは、話していることに違和感を覚え、言い直してほしいと

さえ言いました。

　以前、私は信仰との関わりについて話していたのですが、それは信仰がどのように自分自身を生きている存在として私と関わってくれたかということです。信仰の法則でもなく、属性でもなく、生きている存在としてです。私は自分の信仰との出会いと体験について話し始めました。信仰は私を時間と空間の外に連れ出して、私自身の証の巻物を歩き始めるようにしてくれたのです。そのことで今の自分の姿や、未来に行ってこれからなる自分の姿を見たり、そして自分に与えられているものも示してくれました。その後信仰は時間と空間のある所に私を戻して、創造物の中でこれらの歩みをして行くとどの様な事が現れて来るのかを示してくれました。その信仰という生きた存在との関わりの中で、他では決して得られない希望が私に与えられました。

　私はこの教えを分かち合うことにとても興奮していたのですが、私を見ている人たちの目は皿のようにどんどん大きくなっていました。人々は私にいったい何のことを言っているのかと尋ねてきました。信仰が生きている存在だということが理解出来なかったのです。しかし、**第二テモテ書1:7**には、次のように書かれています。「神は私たちに、恐れの霊ではなく、力と愛と慎みの霊をお与えになったのです。」（NKJの訳）教会では、恐れの霊という存在を受け入れることができても、信仰という存在はありえないと人々は私と議論し、結局のところ、何年も私と一緒に歩んできた人たちの中でも、このコミュニティーを去っていく人たちもいました。宗教的な霊が知恵を装って、「気をつけなさい。リックの神学が完全に正しいとは言えません。大変、疑わしいです。 もし、彼から言われた事に服従できなかったら、そこを去るべきですよ。だって、あなたは騙れたくないでし

ょう！」と人々の耳に語ってくるので、奥義的な側面を受け入れることができなかったのです。

　私は、私たちが誰であるかという奥義の側面について話し始め、生きた存在である「信仰」と関わり、生きた存在である「希望」と関わることについて話し始めましたが、教会は全く理解しませんでした。宗教の霊が教会のシステムの中で静かに座っていて、死んだときにしか自分の完全な姿を受け継ぐことができないと信じ込むように人々を支配し、操作していました。それは聖書に書かれていることではありません。聖書は、明確にあなたがイェシュアの中で死んでいると言っています。あなたがイェシュアに足を踏み入れた瞬間に、あなたを全く新しいものになると聖書は言っているのです。

　私の情熱は、あなたが息子であるという実体を解き放ち、輝かせることです。この言葉を読めば、あなたが天の場所に座っている息子であるという現実が呼び覚まされるでしょう。ある特定のシステムの下ではなく、ある地域の法律の下でもなく、教会生活で築いた構造の下でもありません。それらの下にいるのは、本当のあなたのあるべき姿ではないのです。

　ヤハウェの完全さを見つめる時に、また私の人生を完全に変えてくださるヤハウェの顔に出会うことで、私は毎朝笑顔で起きることができるのです。私は神の国にとても情熱を持っています。なぜなら、宗教を通したシステムでは決して得られない現実を目の当たりにしたからです。

　ヤハウェがこの知恵を装った宗教の霊を明らかにし始めたとき、私は教会やその現状、宗教の構造やシステム、そして何が必要なのかという疑問について考え始めました。それによって、主のみ心が明らかに

されて行くのを見始めるためにです。私は現在の教会はとても無力で、宗教が原因でシステム内に多くの問題を抱えているように思えます。自分の本当のアイデンティティを知らないので多くの問題を抱え、自分に与えられている巻物も開いて読む事も教えられていないし、その巻物には、本来の自分のあるべき姿が書かれていることや、完全の中にある自分の姿を見つめることさえ教えられていないのです。それによって自分が何者であるかさえもわからない、アイデンティティの危機が生じているのです。通常の教会組織の中で、地の基が築かれた時から書かれ、記録されている私たちの巻物に関して、つまりその巻物には、あなたや私がどの様に歩き様々な事に関わるべきかが書かれていることを教えているのを聞いたことがあるでしょうか？もし私たちが、巻物に書かれていることにどのように関わっていくかを教えられていなければ、私たちがその巻物によって自分自身を解き放ち、私たちが持つ可能性を最大限に発揮して、その巻物を歩き出すことは到底できないのです。

　もし私たちが一生、宗教的なキリスト教の教えを受けているだけなら、私たちが得るものは、動機付けのメッセージで毎日笑顔で最高の自分になろうと努力し、携挙を待つように励まされるだけでしょう。私は毎日、携挙を体験しています。携挙は上昇することを意味しています。そして、私は毎日神の国と関わっています。この地に戻ってきて、自分の中でヤハウェが何をしているのかを見始め、それを解き放ち、明らかにして、また天に行くのです。私は、教義の言うところの携挙が、ある日起こるのを待っているのではありません。

　宗教的な霊に支えられた宗教的なシステムに取引されている教会

は、私たちが死んだらいつか天国を受け継ぐという思考パターンと信念のシステムを形作り上げています。教会内に存在する宗教的な構造化と、私たちが息子としての本来あるべき姿との間には、とてつもなく大きな隔たりがあります。

この宗教のシステムの中で人々が祈るのを聞くと、彼らの祈りは祈るというよりも苦情に近いものです。彼らはこのように言います。「神様、私たちがここでもがき苦しんでいるのがおわかりにならないのですか？神よ、なぜこのようなことが起こるのでしょうか？」そして、私たちは「とても、辛いのです。」と訴えます。それは祈りではありません。祈るということは、天に昇ってヤハウェと顔を合わせて関わることです。イェシュアが祈りに行かれたとき、いったいどこに行かれたと思いますか？彼は山に登り、「ああ、どうして私はこんな目に遭わなければならないのですか、ヤハウェ？」と不満を漏らすためではありませんでした。彼は山に登り、天の父との時間を過ごされたのです。主は天の父と対話し、天の父と共に働きをされていたのです。天で起こっていることを見て、地上に戻ってきて、天で見ていた実体を歩まれました。（＊訳者補足：「みこころが天で行われるように、地でも行われますように。」（マタイ6:10 新改訳）とあります。その逆ではありません。）

私たち息子は、自分たちが造り上げた宗教的なシステムによって人々に認識されるべきではありません。それは、ヤハウェからの命令ではありません。むしろ、そのようなものを取り除くために主は来られたのです。だからこそ、人々の生活に表れている宗教的な霊に対しては、いつも厳しい言葉を主は投げかけられたのです。主は、真理をもたらし、その真理は宗教的な考え方や構造、また宗教のシステム自体に立ち向かうことになります。

イェシュアはそれを見抜き、彼らに挑戦されるのです。その体制の中で、どうしてこのようなことが信じられるのでしょうか？それらは、真理ではありません。私たちは制限された真理の土台の上に人生を築いてきたので、私が父の御国の奥義的な側面について話し始めても、その言葉が拠り所とする土台がないので、あなた方はそれを理解することができず、受け取ることができないのです。

この章では、あなたがこれまで慣れ親しんできたキリスト教の教団教派の信仰体系に代わって、真理の土台を築いていると私は信じます。最終的には、私がお話ししていることがあなたの人生に実となり明らかになるのを見たいと欲していることでしょう。あなたが信仰によりその決断を下した瞬間、あなたは心がこの事を受け取り、信じ、開き始めているのを感じるでしょう。そして、あなたの人生の中で物事が変化していくことでしょう、なぜなら、この奥義の歩みに対して、あなたがトレード（交換/取引）をしたからなのです。あなたは、創造の中で自分がどのような存在であるべきかを見始めるでしょう。

私は個人的にヤハウェを追求し、自分の内に潜むシステム、構造、習性となった思考態度を処理する一方で、私のコミュニティーを導いていました。当時の私は、コミュニティーがまだ宗教の霊に支配された宗教的構造の中に位置づけられていることに気づいていませんでしたが、それを目の当たりにした時にも、それに挑戦しませんでした。なぜなら、それとは無関係であり、既にそれは敗北していたからです。私がすべきこととは、天に行き真理を見ることであり、それが私を変えたのです。真理を目の当たりにしたとき、私は圧倒されました。そして、私は創造と自分の山に足を踏み入れ、門を開いて、何も語ることなく真理の啓示を

自分のコミュニティーに解き放ち始めたのです。これにより、次のような変化が起き始めました。私の願いは、無力な宗教というシステムに縛られることなく、コミュニティーが本来の栄光に富んだ自由と解放を手に入れるのを見ることです。本当の自分はどういう存在であるかを理解してもらいたいのです。なぜならば、トランスフォーメーション（変貌）を通して、創造の中で座らされている本来の自分の姿を見ることができるようになるからです。それを自分で実行した瞬間、数日から数週間後には、ポジティブにもネガティブにも大きな変化が起こりました。

その3年ほど前のことですが、私はコミュニティー内のグループで、ヤハウェが私たちを成熟に導く季節がやってくることを話し始めていました。
「ある特別なシステムや聖霊の賜物、リーダーシップを発揮する人たち、あるいは毎週、日曜日の動機を高めるメッセージ、等々に人々が頼らない日が来るでしょう。彼らは、自分が何者であるかを理解し、信仰に基づいて天に行き、神の国の領域をどのように航行するかを検討し、ヤハウェが創造物の中に戦略的に配置された息子として、これから明らかにされて解き放たれる責任のために成熟していくのです。」私がこの言葉を話し始めると、大多数の人の心が開き始め、何かが起こることを悟り、これから展開されることに備えるようになりました。

　否定的な面では、成熟に関する教えを選択せずに、むしろ、通常の教会生活の中に留まる事を選択する人達もいました。自分が置かれているシステムの構造と向き合い、創造の中での自分の本当のあるべき姿を解き放ったとき、その宗教の霊は、私のコミュニティーにはもう居場所がないので、立ち去らなければなりませんでした。ヤハウェが、息子である私の中に、そして私を通して真理を開いて下さったのは明らかでした。

成熟する過程を選ばなかった人々は、ある日突然、「リック、あなたが教えていることには、とても違和感がある 。」と言い始めました。皮肉なことに、宗教の霊が去った瞬間に、自分の中の宗教的なシステムの要素に対処して処理をしなかった人たちも去っていったのです。自分の中にある宗教的なシステムや構造を見続け、そのシステムや構造が自分のコミュニティーからなくなった場合には、彼らは頼りにする他のシステムを探しに出て行くのです。彼らは自分の中にあるその様なものを処理していないので、成熟した息子になることはできないのです。

　ヤハウェが何をしているのかを理解し始めたこの2年間は、最も信じられないほどの、解放感と喜びに満ちたものでした。そして、少しずつ私はヤハウェが何をしているのかを理解し始めています。神様がこの時を備えて、真剣に私たちが誰なのかを理解するようにして下さっています。学ぶことを楽しみ、自分の理解が広がるのを楽しみ、信じることを選んでいます。そうすることで、私の見る能力も開かれていくからです。このことにより、私の心は変化し始めて、この奥義の旅に出る前には全く分からなかったことも、理解し始めています。あなたも奥義の領域に一歩踏みだして、ヤハウェが何をされているか見る必要があります。

　ヤハウェは、私のコミュニティーの中で、天に行ったり来たりし始めた人々を変え始めていました。彼らは、ヤハウェが彼らの中でご自身を拡大されていることに気づきました。なぜなら、まさに満ち満ちた息子たちが現れる時だからなのです。完全な息子としての姿は、仮にキリスト教と呼ばれる宗教的なシステムや構造がどんなに素晴らしいとしても、それを通しては、決して地上には現れないのです。もしも、あなたの気分を

害してしまったらお詫びします。

　でも、どうか誤解しないでください。素晴らしい働きをされている類まれな素晴らしい人たちがいることを私は知っています。私はそういう人たちに敬意を払いますし、祝福します。しかし、もし私たちが天に座している本来の完全な姿を見たいのであれば、働きや努力によって得られる律法に基づく宗教的なシステムや構造とはトレード（交換/取引）することはできないのです。私たちが理解しなければならないのは、息子としての立場（キリストによって与えられた天のポジション/位置）であり、そこでの出会い/体験によって私たちが誰であるかという現実が開かれ始め、そのプロセスを地上で生きているということです。

　この章の最後に、私の親友の言葉を紹介したいと思います。「教会にとって最も危険な場所に入るのは、牧師が教会に対して経済的に頼らなくなった時です。」この時が、牧師は会衆を満足させなければならないという重荷を感じることなく、ヤハウェの導きに従うことが出来るからです。

第8章

国を治めるということ

　今日の私は、昨日までの私とは違う人間だと言えます。この奥義の旅を共に歩む中で、深層部では、何かがかきたてられ、創造物の中で私たちの内側の何かが目覚め、ロックが解除され始めました。私の体には変化が起きています。息子としてのアイデンティティに再調整され始めたことで、私の体の中で地殻変動が起こっているように感じます。

　昔の預言者たちが語っていた、まさにその日である今の時代に生かされていることは、なんという特権であり光栄なことでしょう。私たちは、彼らの預言の言葉の現れの中に生きているのです。それは、「ヤハウェ、私たちは、奥義が知りたいです！」と言ったからなのです。私たちが決意し、選択したからなのです。私たちが長年語ってきたけれど、まだ現れていない事柄、つまり奥義を追求するために集まるのは何という光栄でしょう。今、私たちは実際に現れてくる時代にいるのです。ヤハウェの前で座り、待ち臨むことを始めれば、私たちの言葉が生きたものになる時代にいるのです。

　最近、私はヤハウェと関わっていましたが、言葉では上手く表現出来ないのですが、この喜びで創造物が揺らぎ始めていました。それは、うめき声のような音から、私たちの中で起きている変化を実感した喜びの音へと変化していました。私が聞いていたのは、笑いの喜びではなく、天国の貴重な産物でした。この喜びの実体に関わったとき、そこには静寂があり、それは究極のエクスタシーに満ちていました。

現在起こっていることを穏やかに歩んでいるのは、私の心が、ヤハウェがされ始めていることを、私の最大の能力の上に加えたいと思っているからです。これは、私の長い間の心の叫びであり、とても深いことなのです。何章か前に、私は「泉を造る」という話をしましたが、私たちは文字通り、内側にあるものを搔き立て始めています。それは深淵に影響を与え、物事が変化し始めています。私たちは決して古い時代には戻りません。それは永遠に去りました。道はただ一つ、前に進むだけです。息子たちが現れ始めているのです。

　必要なものは向こうからやって来ますが、私たちが深く願い求めているもの（願望）は求めて追求しなければ手には入らない、ということに気がつきました。この追求が、私たちの人生のトランスフォーメーション（変貌）をもたらすのです。**第二コリント人への手紙3:18**には「私たちは、顔をあらわにして主の栄光を映し出していますが、御霊である主から来るますます大きな栄光によって、主の似姿に変えられています。」（NKJの訳）と書かれています。

　2016年にイーン・クレイトンが私たちのためにある真理を解き明かしてくれたことについて、いくつか触れたいと思います。このことに敬意を表わすことで、私たちは自分達に現わされたことを担えるようになり、ロックが解除されたことに踏み込み、それを促進することができるようになります。このことは、私たちは完全に成熟した状態に成長する助けになります。

　私の国、南アフリカ共和国が私に呼びかけ、私が国に呼びかけていたのです。私は文字通りこの国の中にいて、神の国が地上に完全に現れ

てくるためのゲートウェイ/出入口と私がなっていました。それが私なのです。礼拝の間、私はこのことに関わっていましたが、自分が知っていたと思っていたことは、これから起こることに比べると無きに等しいと思えました。過去のことは語らずに、今起こっていることに関わっていきたいのです。

　預言の賜物の例を取り上げてみましょう。それは驚くべきもので、常に「ある日」を指し示しています。しかし、結局のところは、実際にはその門をくぐることはできません。なぜなら、それは常に未来の言葉のままだからです。今日の現実は、昨日の未来です。昨日考えていたことを放った言葉が、今日生きているのです。聖書には、**箴言18:21に**「舌には生と死の力があり、舌を愛する者はその実を食べる。」(NKJの訳)とあります。私たちは何を創造していますか？私たちは何を現しているのでしょうか？明日の現実に目を覚ますために、私たちは何を創造に放っているのでしょうか？私たちは文字通り、自分たちの言葉で自分たちの未来を形作っているのです。

　私が自分の国の上にある権威の座（霊の世界）に座り始めたとき、私はある特定の領域を見て、それを裁いていました。そうする傾向が私にはあったのですが、ヤハウェは私の心に語りかけ、「息子よ、あなたが裁いているものこそ、その地域に息子としての資質が欠けているという現実の現れなのです。」と語られました。それは、私の中に欠けているものの現れでもあると語られました。私は裁くのをやめて、神の国を現わさなければなりませんでした。
問題点を指摘することは誰にでもできますが、解決策をもたらすのが息子なのです。何が問題なのかを見極め、答えがない場合は、共に働く関係の中でヤハウェの心に意図的に関わり、「変化が起こるのを見るためには、何

を現す必要があるのでしょうか？」と問うことができる息子が必要なのです。私は、自分の国の中でそのような事が起こり続けることを許し、「でも、それは仕方がないことだ！」と言うのに、うんざりしています。

ヤハウェは、私が自分の将来に現実となるように形作った、いくつかのことを示し始めました。今日、私が話していることが、私の明日へ呼応していることが分かりました。私たちの中で、もっと多くのことを求めたことのある人はどれくらいいるでしょうか？「父よ、もっとこれ以上のものがあるはずです！」と言ったことがあるでしょう。私たちの祈りの願いのために、ヤハウェはイーンを連れてきて私たちに答えてくれました。イーンはやってきて、まだ明らかにされていないことを解き放ち始めました。そこで、私たちは、明らかにされてないことを理解していなかったので、選択しなければなりませんでした。その時私が、そして他の人が犯した最大の間違いは、次のようなことです。ヤハウェが行っていることに敬意を表することをしなかったのです。イーンが私の国に来たとき、私はまだ習性化した古い考え方/思考のパターンに捕らわれていました。その後、7年というサイクルを経て、私はヤハウェが私たちに用意しているものに再び取り組む機会を得たのです。そして今では、たとえ理解できなくても、また気分を害しても、自分の中で目覚めたものに対処する機会があるのです。

もし私たちが「これを理解するのは、無理です。」と言い続ければ、私たちはその言葉の響きを未来に向けて発していることになります。翌朝目が覚めても、「これらを理解するのは、無理です。」という言葉が耳に残っています。それは、毎日、毎週、毎月、そして何年にもわたって、そのようにしてそのことに出会っていくのです。というのは、既にそれを自分で形作っているのです。要するに、過去に言った通り、その

現実を文字通り生きていることになります。

　問題は、霊によって意図的に関わろうとしているのではなくて、知性で把握しようとしていることです。イーンは、ただ私たちの心で、すでに知っていることを教えて思い起こさせているだけなのです。明かされてくる啓示に心を傾けると、起きていることが霊によって理解できるようになり、私たちの思いが心の生徒になるのです。**ローマ人への手紙12:2**には、次のように書かれています。「もはやこの世の型にはまらず、心の一新によって変えられなさい。そうすれば、神の御心が何であるか、すなわち、神の良い、喜ばれる、完全な御心を試し、承認することができるでしょう。」（NKJの訳）

　これから起こることや今まで教えられてきたことをすべて理解しなければならないと考えているのでは、心を新たにすることはできません。私たちは、まだ明らかにされていない世界を現し始めるために、息子として召されたのです。

　旅行中で、私が最も苛立ちを感じることの一つは、人々が私の国について、事実とは異なることを言い立てるのを聞くことです。彼らが話していることは、私が息子として見てきた現実ではありません。時々、私は自分自身に、「いったい彼らは、どの国の話をしているだろうか？」と言うことがあります。これは南アフリカ共和国に限ったことではありません。聖書に書かれているヤハウェのご性質と矛盾したもので枠を作ってしまったすべての国に当てはまることなのです。私たちは、制限された真理によって現実を形作る言葉を使い、ゲートウェイ（出入口）になるという違反行為に心を捧げています。そして、なぜ地上に本当の息子達の働きが現れてこないのか不思議に思っているのです。

私は生きている信仰の領域に関わり始めました。それは、その存在すら知らなかった新しい次元ですが、そこに心を捧げたからこそ、信仰の重要性に気づくことができたのです。ここ数年、この信仰という存在は、まだ明らかにされていない、これから起ころうとしていることを私に示し始めました。信じられないようなことが起こるのを目にするようになりました。それは、私が生きている信仰の存在に敬意を払い、信仰に足を踏み入れ、信仰と共に働き、目に見えないものの証拠となるものを見せてもらっているからです。

　ある出会いで、信仰は私を時間と空間の外、混沌（カオス）の外に連れて行き、私の国に何が起こるのかを示してくれました。ヤハウェは私に幾つかのことを示し始め、私は「今はそれらが全く見えないけれど、これから起こるべきことが見えてくる！」と思いました。まだ私たちに明らかにされるべき要素があるので、被造物も私たちを見て、私たちと同じように変えられていくのです。もし見ていないのであれば、それに希望を持つことはできないと言いたいのです。それを見たときに、私たちの言葉は変わって来ます。なぜなら、今、私たちが何に向かっているのかを目の当たりにするので、話し方も変わってくるのです。最後に悪霊や悪霊たちの働きに関わったのが、いつだったかさえも思い出せないほどです。そういうことに関わるのは、時間の無駄です。私が部屋に入ると、私の中で燃えている光がその場の雰囲気を変えます。私は息子としての自分を知っています。この地上の次元と領域にある物事に対処する無駄な時間を取りたくありません。悪魔がいない又存在できない時間と空間の外に昇り、そこにおいて真理の中で本来の私が誰であるのかを成長させることが出来るのです。私が息子として歩んでから、この次元/領域に戻ってくると、彼らはただ散っていくので

す。

　その年、私はケープタウンでミニストリーをしていたのですが、天と関わりを持ち始めると、突然、私の霊がテーブル・マウンテンの前に立っていました。私の目の前には3つの石があり、私は1つの石を拾い、もう1つの石を叩くように促されました。そうすると、大地が揺れ始め、30フィートのどっしりとした巨人が山から出てきて、私の目の前に立ったのです。私はその出会いからすぐに抜け出し、リンディ（義理の母）にメッセージを送りました。話をしているうちに、彼女は「あなたが見たものをよく知っています」と言い、2016年に彼女とイーンに同じことが起こったことを話してくれました。彼女は、山から出てきたこの信じられないような存在と、どの様に関わるのかを説明してくれました。また、彼女もそこで起こっている事柄と意図的に関わり、それらを覆い包んだのです。なぜなら、そこから重要な結果が生じるからなのです。

　敬意を払わないことが生み出す結果についてはすでに学んでいました。もしそれを学んでいなかったら、私たちの国は今の状況にはおそらくなかったと思います。私は、たとえ自分が見ているものが理解できなくても、この存在（巨人）に敬意を払うことを選びました。これは神からのものだとわかっていたので、間違いを犯したくはなかったのです。気がつくと、私はこの信じられないような存在が目の前に立っている場面に戻っていました。私は霊の中で手を伸ばして、彼の心の中に入っていきました。私は、この土地の贖いを求めて叫び始めました。彼が待ち望んでいた息子である私を見た時に、彼の目から光が放たれました。それを見た瞬間に、私の中のすべてが文字通りうめき始めました。彼が山の方を振り返り、うなづくと、同じ巨人が1000人ほど出てきました。彼らは自

分たちの言葉で話していたのですが、私の心は彼らとつながっていたので、彼らの言っていることがよくわかりました。彼は仲間たちに、「私たちは、彼らを信頼できる！」と言ったのです。私は彼らを見ながら、息子として「行って、父の御心を行いなさい！」と言いました。

　人々を見守っているウォッチャー/見守っている存在、1000人の巨人が、山を通り抜けて、私たちの創造物の中に移動し始めました。何世紀にもわたって設置されてきた悪魔の構造が、ウォッチャーたちによって一瞬にして解体されたのです。彼らは遠くまで出かけて行き、父のみ心を実行しました。そして私は、私の国、南アフリカ共和国が立ち上がり、このように言う息子に頭を下げるのを見始めました。「私はあなたを得た。私は、あなたと一緒にこの旅を進んで行く！私が全く違うものに変わっていく時（トランスフォーメーション）、私はこの南アフリカ共和国に心を捧げたのです。なぜなら、私がなりつつあるものに、あなたもなっていくのだから！」

　この出会いの後、私は人々を見守っているウォッチャーたちが不名誉を受けたために身を隠し、この国のために彼らの本当の姿を現す機会を待っていたことに気づきました。私は、あの時のやりとりで、たとえ自分が理解できない存在であっても、彼らに対して二度と否定的な感情の構造を建て上げないようにしようと決めました。今、私たちは、常に存在している神の主権ではなく、私たちの意図によっても、すべての悪魔の枠組みが破壊されているのを目の当たりにしています。そこには、神の主権が常に存在しているのですが、以前にもお話ししましたように、主は私たちを変革するために物事を行われています。それにより、私たちが自分で行うことが出来るスキルを身につけて、主が再びそれを行う必要がないようにするのです。

南アフリカ共和国では以前から、石炭不足による全国的な停電が発生していました。2週間ほど前には、集会開催予定の日曜日に16時間に及ぶ停電が予想されるとの記事が掲載されていました。人々を見守っているウォッチャーとの出会いの後に、土曜の夜に息子たちが行った過程を通して、「もう停電は、起こらない。」という記事が発表されました。これは、偶然の一致なのでしょうか？偶然ではないと、私は思います。雨が降り始め、翌日にはケープタウンの端から端まで巨大な虹がかかりました。あまりにも明確だったので、ソーシャルメディアで大騒ぎになりました。ヤハウェは私の心に「七つの霊がこのことの証人です。あなたたちは、もう決して後戻りはしません。」と、語りかけてくださいました。虹は、霊の世界の追求を物理的に表したものでした。

　まだまだ取り組まなければならないことは山積みですが、私の国は変革されつつあります。国を離れた人たちが、事実とは異なることを話すのではなく、私たちとパートナーになってくれることを私は心から願います。私が息子としてある面を統治し始めたときに、それらの話された言葉を判断する機会もありました。なぜなら、私は今、自分の所有権を行使する立場にあり、ヤハウェに「これは、私のものです！」と言えるからです。

　ヤハウェが私たちのために巻物を用意されているので、自分の発言に注意しなければならない時代に来ています。そして、新たにされていない思いや感情的なことによって、違う方向に引っ張られないように心を配る必要があります。もはやこれは、感情についてではなく、ヤハウェが私たちに示したことについての話なのです。しかし、このような瞬間を乗り越えていくことは、私たちがトランスフォーメーション（変貌）を遂げていく上で非常に重要であることに気がつきました。私たちは、自分が果たしてい

る役割や、究極的に大きな影響を与える道が開かれていることに気付き始めているのです。

　教会時代には、新たにされていない思いや習性化した思考の枠の中で、私たちは幕のこちら側に立って、神様に対して「なぜ腐敗があるのでしょうか？なぜ地震が起こるのでしょうか？」と尋ねていました。しかし、私がヤハウェと共に働くことを始めると、裂かれた幕の向こう側ではすべてが変化して、ヤハウェの方が、「では、なぜ腐敗があるのですか？なぜ地震が起こっているのでしょうか？」と、私たちに問われます。

　成熟した息子であるならば、文句を言ったり、実際には神の責任ではないことで神を非難したりするのではなく、裂かれた幕の向こう側に立ってヤハウェと共に働くことができるのです。私たちは、実際には自分達のものであるものを所有していないのです。この聖句は既にお話ししましたが、**詩篇115:16**には、「高い天は主に属し、地は人間に与えられた。」（NKJの訳）と書かれています。私たちは、自分自身を見つめ、真に、神が既に下さった所有権を受け取り、幕を通り抜けて、自分自身でヤハウェに出会う必要があるのです。

ヘブル人への手紙1:1～2には、次のように書かれています。「昔、神は預言者を通して、多くの時と様々な方法で私たちの先祖に語られましたが、この最後の日に、神が万物の後継者とされ、この方を通して宇宙を造られた御子によって私たちに語られました。」（NKJの訳）私の国では、信じられないようなことが起こり始めています。破壊の運命にあったものが、私たちが人類を見守るとウォッチャーと関わり、弧を描くことによって、今では完全に姿を変えています。

私は以前、雲との出会いについてお話ししました。その時、私はウォッチャーがすでに存在していたことを知りませんでした。私はウォッチャーと関わることのできる成熟したレベルには、まだ達していなかったのです。私が成熟するまでは、彼らに対する敬意を欠くことがないように、ウォッチャーは隠されたままでした。

　私は私の国への出入り口であり、私は家であり、幕屋であり、私の内側にあるものが表に出てくる必要があります。私はこの地を去りません。私と私の家は南アフリカ共和国で主に仕えます。私たちは変化の入り口として奉仕します。なぜなら、私たちが変革されていく中で、私たちの国の真の姿が現れて来るのを見たいからです。

第9章

恵みへのゲートウェイ（出入口）

　私たち息子は、次の世代の人たちと一緒にアーク/弧（＊訳者補足：契約の箱の上のケルブのように両方から羽を内側に向けて伸ばすと弧が描かれます。）を描くポジションに成長してきています。このような時代のために生まれてきた新しい世代があり、私たちは神のタイミングに合わせてアーク/弧を造り描く方法を学ばなければなりません。私たちは神の御心を理解し、個人的な願望を神に合わせて再調整しなければなりません。それは、情熱を持って自分の信じるものを追求することです。聖書に登場する男女のうち、功績を残した人たちは、その確信と信じたことによって、世界の人々が彼らを見て、「あなたは、いったい何者ですか？」と言うほど変わっていました。私たちは地球上に現れた残された者であり、変化をもたらす者なのです。

　ノアが生まれたとき、彼の目はとてもこの世のものとは思えないような輝きを放っていたと他の本等には記録されています。私たちは、この記述を読んで納得するのに、今生まれている世代にそれを見ても納得できないのはなぜでしょうか。例えば、産婦人科医がこのような赤ちゃんを見て「これは、どういうことなのだろうか！」と叫んでいる状況を想像してみてください。なぜ私たちは、そのような世代への準備が出来ていないのでしょうか？「そういったことは、あり得ない！」と言っている古いままの思いが処理されなければならないのです。私たちの信念体系のすべて

が否定的な答えを即座に引き出してしまうのです。だからこそ、それを可能にする必要があるのです！ 私たちが養っているものこそが、私たちの人生を支配しているのです。

　残された者（レムナント）としての私たちは、もう宗教に力を与えることを拒否すべきです。世界が言っていることに対して、私たちはそれを剥ぎ取って、神が誰であるかという新しい概念を持って歩き出しています。残された者（レムナント）の一員であることは簡単ではありませんし、古い考え方を壊さなければならないので、問題も生じます。この事は、宗教の力を飢えさせ、幕の向こう側でヤハウェの奥義と関わる方を養っていくことは、啓示や理解と同じくらい重要だと私は信じています。

　聖書は素晴らしいものですが、本来は単なるページ上の言葉として読まれるべきではありませんでした。この発言に怒りを覚える人は、私が神の言葉に何か反対していると考えます。しかし、それは違います。私は聖書を愛していますが、聖書の通常の読まれ方が好きではないのです。私たちが聖霊によって聖書を読むとき、聖書は生き生きとしてきます。**ヨハネの福音書1:1～4**には、「初めに言葉があり、言葉は神とともにあり、言葉は神であった。彼は初めから神とともにあった。この方によってすべてのものが造られ、この方なしには造られたものはなかった。彼の中にいのちがあり、そのいのちは人の光であった。」（NKJ の訳）と書かれています。

　奥義の領域は、私たちが宗教によって養われてきたために、クリスチャンの生活からすっかり切り離されてしまいました。主は戻ってきますが、その時に何を見つけるのでしょうか？それは、私たちの選択しだいです。以前に置き去ったものを、もう一度拾い上げそこから何かを生み出す

世代でしょうか？それとも教会が穴を掘って、私たちが管理するために主が与えて下さったものを埋めてしまったことに気づかれるのでしょうか？もし後者だとしたら、主は「ご自身のタラントを、それに対しての心を持った人に与えるべきだった。」と言われるでしょう。神は、リスクを負う世代、不正の地でさえもダンスをすることを恐れない世代を求めておられます。

　もし、私たちがクリスチャンの歩みの中で起こっていることをすべて理解する必要があるとしたら、私たちは三流の人生を送っていると言えるでしょう。私たちは、絶えず奥義の深みに入り、御言葉を読み、礼拝をするべきです。これらのことは、私たちが一緒に時間を過ごしている御方のおかげで、私たちを変えてくれるはずです。主は私たちとの関わりを望んでおられます。モーセは、燃え尽きることのない燃える柴の前に立ったとき、次のように言いました。自分が立っている地面さえも聖なるものだったので、サンダルを脱ぎました。彼は当時、ヤハウェと顔と顔を合わせて出会っていたのです。私たちは、そのような世代になるべきではないでしょうか。私たちは、大胆な確信を持って、父の家に行くべきです。

　今、もし私が自分の家に行きたければ、玄関のドアをノックする必要はありません。私は自分の家の鍵を持っていて、いつでも好きな時に入ることができます。どこに何があるかも知っていますし、すべてが私のものです。それは、天の国でも同じです。私たちは、ある特別な日が来るのを待たずに、今、入ることができるのです。私たちは、私たちがいる天の国に入り、その世界がどのように機能しているかを学ぶことができます。私たちは、見ようと思えば、主の奥義のさまざまな領域や次元を見ることができるのです。ただ、私たちの思いが新たにされなければなりません。

ヤハウェとの歩みのすべては、私たちが信仰という生きた存在に関わるかどうかにかかっています。私たちが理解できないものに心を寄せるならば、信仰はこの領域に関わる能力を与えてくれます。そうしなければ、私たちは天の国に入る前に奥義の領域を理解しようとすることになり、それはうまくいきません。なぜなら、私たちは信仰の生きた存在を通してのみ、その扉にアクセスできるからです。**ヘブル人への手紙11:1**「信仰とは、期待するものを確信し、見えないものを確かめることである。」（NKJの訳）とあります。信仰は、私たちがその領域にアクセスできるようにしてくれる唯一の存在なのです。

マルコの福音書5:25〜34には、長年に渡り、長血を患っていた女性の話が出てきます。この女性とイェシュアの出会いは、9つの短い節に記録されていますが、この話をさらに掘り下げてみたいと思います。イェシュアが地上で宣教されていた時、イェシュアは病気の人を哀れみ、手を置いて癒し、その人が自分の人生に突破口を開くことができるようにされました。この女性は、何年も苦しんでいて、自分の力を尽くし、自分の苦痛を癒すためにすべてを費やしてきました。この箇所では、彼女がまだ明らかにされていない領域に触れるチャンスが訪れたのを見て、必死に手を伸ばそうとしたことが感じられます。彼女はこの奥義の領域にたどり着き、今までしたことがないことをすれば、祈りの答えが勝利となって自分にくると信じて、手を伸ばしたのです。

彼女は、教会が待っているように、イェシュアがすべてをして下さるのを待ってはいませんでした。彼女は、自分の状況が自分の相続となってしまうことを拒んだのです。彼女は、息子としての正当な地位に座ることを決意し、答えを求めて必死になって主の中に足を踏み入れたのです。

彼女はイエス様を見たとき、手を伸ばして、イェシュアの衣の裾に触れなければならないと思いました。この衣は、ヤハウェの王国における癒しの全ての備えを含んだイェシュアのタリート（祈りのショールの端のひもの部分）であったことを理解する必要があります。もし彼女がそれに触れれば、すぐに自分の分を受け取ることができると知っていたのです。彼女が手を伸ばしたとき、イェシュアはあの群衆の中で振り返って、「だれが私に触れたのですか」と尋ねられました。イェシュアは、ただそれを言いたいがために言葉を放ったのではないと思います。誰が自分に触ったのか、本当にご存知ではなかったのです。弟子たちは信じられず、イェシュアの周りには大勢の人がいたことを指摘しました。彼らには意味がわかりませんでしたが、イェシュアは、誰かがその日に約束が実現することを期待して、イェシュアに触れたことを知っていました。イェシュアが振り向くと、その女性はイェシュアの足元にひれ伏しました。彼女は守らなければならないと言われていたルールを突破したのです。宗教、慣習、伝統を突破し奥義を体験したので、彼女は、イェシュアの足元にひれ伏していたのです。

　この時代に生まれた世代、残された者　（レムナント）が、「古い伝統や慣習にこだわらず、私たちが地球上に存在するために必要なもの、新しいものを求めていこう。」と言っているのです。 私たちは、過去の出来事によって自分たちが何者であるかを決めることをもはや許しません。また、過去の世代や私たちの決断や選択を私たちの上に座らせ、支配させることもしません。私たちは現在の状況を受け入れません。私たちは、ヤハウェの王国が現れてくるのを見るために、この時に生まれてきた世代の一員なのです！

私はニュージーランドで開催された集会に参加していましたが、ある日の朝、何を教えればいいのかわからずに目が覚めてしまいました。メラニーに連絡を取り、オライアが生まれる前に私たちがオライアとどのように関わっていたのか、そして私たちが握っていた約束がどのようにして私たちの勝利となったのか、という話をしたいと伝えました。メラニーは、私がその証言をすることを喜んでくれましたが、私たちが第2子を授かっていることを私には、その時には伝えてくれませんでした。彼女は妊娠したことを知ったばかりで、そのことを電話では伝えたくなかったのです。その日の朝、私たちが礼拝をしていると、まだこれから生まれてくる世代の人たちが、私たちが霊の世界で築いている土台を見に来ました。その中に、まだ生まれていない息子もやってきて、私の前に立ち、「お父さん、不毛の季節が終わって、新しい世代が生まれたんだよ 。」と言ったのです。10分間、私は喜びのあまり泣きました。メラニーが妊娠していることを知らなかったのに、私は息子を見たのです。

　この流れの中で、子どもを授かりたいと思っている多くの人たちが、妊娠できていないでいるのを実感しました。また、この世代の人たちに代価が払われていることにも気づきました。この時代に生まれてきている人々は、これまで私たちが天で行ったことにより、ヤハウェの特別な印を持っています。私が伝えたいのは、あなたが関わってきたこと、あなたが信じてそこにしっかり立っていること、あなたが動いて入ったことは、既に支払われた代価であるということです。私の息子が私のところに来て、不毛の時代は終わり、私たちの心が奥義の領域を待ち望んでいるゆえに、今、その世代が生まれていると言いました。

　あなたがこの奥義の領域にいるとき、あなたは主の王国と主のDNAに

織りあわされていることを理解しなければなりません。あなたは世界とも違うし、教会とも違うのです。私たちが尊敬する男性や女性が代価を払ったおかげで、私たちは基礎を築くことができ、そこに土台があるからこそ、残されたもの（レムナント）が私たちの現実に入ってくる日が来るのです。私たちは、ヤハウェの天の国とは何かを理解しているからこそ、彼らに正しい食べ物を与えることができるのです。私たちがその真理を知っているのは、私たちがこの奥義に心を捧げているからです。

その女性が奥義の中に手を伸ばし、イェシュアのタリートに触れたとき、彼女は、ある命令や書かれた律法に従ったのではなく、自分の願望によりそれをしたのです。私たちは、自分の思いの構造の中にある、何を壊そうとしているのでしょうか？私たちは、信仰という生きた存在に敬意を表して、願望によってのみ見つけられるものに手を伸ばそうとしています。

私たちは、その世界に身を任せれば、その世界が私たちのためにロックを解除してくれることを理解する必要があります。そうすれば、私たちは新しい歩むべき道を見つけ、神の国が明らかにされて行くのを見ることができます。ヤハウェとの歩みは、宗教的な訓練や律法によって知られるようなものではありませんでした。律法が書かれたのは、ヤハウェとの関わり方を知らない世代のためでした。彼らは、モーセのような関わり方はできないと信じていたので、ヤハウェとの関係を持つためのガイドラインのようなものを持てるように規律や法律を求めたのです。律法は、人類に対するヤハウェの愛のために生まれました。

今、私たちは宗教的な規律や訓練を守ることではなく、ヤハウェと共に歩

みたいという願望で知られるべきなのです。それは、究極的には義を反映して、もはや私たちが律法の下にいる必要がないということなのです。制限速度を守れば、律法は私たちに適用されません。窃盗をしなければ、法律は私たちに適用されません。しかし、私たちが法律を破った瞬間、法律は私たちに適用されます。私たちが義のために律法を守るとき、私たちはその下ではなく、その上で、正当な位置から治めていくのです。

　私たちがキリストのうちにあって、奥義の領域を動き回っているとき、私たちは律法の下にはいません。私たちは規律の下にいるのではなく、その上にいるのです。幕のこちら側で生活している人は、恵みについて語り始めると、恵みをすべてのことの言い訳に使います。しかし、恵みは何かの言い訳のためのものではなく、私たちが向こう側の場所で生きられるように支払われた代価の理解を促すものです。幕の向こう側で、その場所で生活しているならば、肉の欲望に戻りたいと思うはずがありません。

　もし私たちが幕のこちら側に住んでいて、「恵みが罪をカバーする」という信仰体系を持ち続けているなら、私たちは「恵み」という生きた存在に出会っていません。それは、あくまでも恵みを装った偽物の言葉にすぎません。実際、私たちは自由の実を見ることなく、「私には恵みがある、私は恵みの中にいる、一度支払われたものはずっと支払われる、私は自分のしたいことができる。」と言い続けているので、さらに束縛されているのです。私たちは自分の罪深い性質に完全に支配されていて、以前よりも悪い状態に見えますが、もし私たちが「恵みという生きた存在」と共に働いているならば、そのことに言及する必要もなければ、わたしたちの置かれているポジションゆえに「義」に見えるのです。

すでに述べたように、教会は規律を重んじることで知られており、誰と何に関わるかの面では許容しない部分が存在しています。教会のコミュニティーとして、「私たちは、これやあれはしません。」とよく聞きますが、そのリストはどんどん増えていきます。私たちは、私たちが関わることができるように道を作ってくださった方の中に入り、裂かれた幕の向こう側にある主の本質の輝きを見て、主の似姿に変えられるために、どのようにそれを取り除くかは教えられていません。私たちがこの事実に立ち返るとき、私たちは律法の下にいるのではなく、常に私たちのために用意されていた神の国を明らかにする恵みの中にいると言えるのです。

　私たちが神の国の中で活動しているとき、私たちがよく知っている聖霊様という美しい存在がいます。聖霊様は、私たちの中に常に存在している義を私たちに確信させてくれます。しかし、私たちが教会で教えられてきたことは、私たちに罪を確信させることです。神は罪を知らず、イェシュアが過去・現在・未来のすべての罪の代価を払ってくださったのです。私たちが何か悪いことをしたとき、「私は罪を犯したので、聖霊様が私に罪を示して下さっているのだ。」と言いがちです。しかし、そうではなくて聖霊様がなさっているのは、私たちがどなたの内側に座していて、義が身近にあることを確信させることです。私たちが感じていることに対して良心と思いが格闘しているのです。聖霊様は、私たちに罪を確信させる事はできません。なぜなら、罪を見ることが出来ないからです。聖霊様の第一の目的は、ヤハウェが私たちをどのように見ておられるかを私たちに促し思い出させることです。

　教会生活で多くの人々は、幕のこちら側にいて、「自分がしたことのために、天には行けない。もし私が十字架に近づこうものなら、神様は私を稲

妻で殺してしまうでしょう。ましてや十字架を通り抜けようなどとは思いもしません。神様は私にとても怒っておられます。聖霊様が私に有罪判決を下し、私の罪を思い出させてくださっているのを見てください！」と言います。そして、なぜこちら側で立ち往生して動けなくなるのだろうかと考えるのです。聖霊様は私に語りかけ、「あなたは教会に真理を教えなければなりません。私はヤハウェが見ているものを彼らに見せたいので、すぐ目の前にある義を確信させたいだけなのです。」と語られました。教会では、「ヤハウェは私たちの罪を見ておられる。」という嘘が教えられてきました。もし私たちがそれを信じるならば、カルバリーで支払われた代価は幾つかの罪をカバーしてくれましたが、すべてをカバーしたわけではなく、私たちは自分たちの努力と悔い改めによって、主が成し遂げられなかったことを終わらせなければならないということになります。

　私たちが主の中に入って一つとなった時、私たちは新しい人、新しい被造物になりました。パウロは、イェシュアの中にいて、幕の向こう側から活動していたのですが、肉の体をまだ一致させる必要があったので、それが言うことのできる最善だったのです。彼は罪のための言い訳をしているのではありません。もし、私たちがマンネリ化した問題を抱えているなら、それに対処する必要がありますが、それはこの地上ではなく、幕のあちら側ですることです。私たちはキリストのうちにあるので、たとえ罪を犯していても幕を通り抜けることができます。ヤハウェは私たちを見て、私たちを罪のない者として見てくださいます。それはなぜでしょうか？それは、私たちがキリストのうちにあるから、つまり、その罪の重さを引き受けてくださった方の中にいるからです。過去も現在も未来も、ご自身が身代わりになって、それを処理してくださったのです。私たちが彼の中にいるとき、ヤハウェは「あなたは義なので、全く新しくされる

準備ができています！」と言われます。私たちは、この地上で肉体を操りながら旅をしているのですが、どこに向かっているかを忘れないでください。

クリスチャン生活のほとんどにおいて、私は幕のこちら側で問題に対処していましたが、私がキリストの中に入り、キリストの体という垂れ幕を通り抜け、主を追い求めて幕の向こう側の生活を始めるならば、私の霊は本来の位置に来て、私の頭を持ち上げることができるということを学びました。**詩篇24:7**には、「門よ、頭を上げよ。古代の門よ、栄光の王が入ってくるために、頭を上げよ。」（NKJ の訳）と書かれています。

キリストにあって、私たちの肉は、私たちの霊の支配下にあります。私たちの霊は、ヤハウェとの時間を過ごし、その美しさを見て、私たちの肉に語りかけます。「さあ、これを見上げてごらん。」 肉は、「あなたが言っていたのはそういうことだったのですね！それが私なのですね！」と応答します。その関わりの過程の中で、今度は私たちの肉体が、見たままの姿に変えられていきます。何を見たのでしょうか？ヤハウェではなく、ヤハウェの中にある私たちを見たのです。私たちが自分の人生をコントロールしているのを見たからです。私たちの霊は、キリストを通してヤハウェに行き、私たちの肉体に自分が誰であるかを知らせるのです。

これこそが、私たちが真に義に生きるための唯一の方法であり、私たちの肉体が見たその姿に変えられていくのを許すことです。このことは、幕のこちら側では起こらないし、教会に行くことや、私たちが間違って犯したことを毎日悔い改めることはでは起こりません。悔い改めることはユダヤ人の習慣で

は一度だけで、変容することは毎日の歩みになります。私たちも同じように、毎週日曜日になったらというのではなく、一度だけイェシュアに足を踏み入れ留まるべきなのです。これが、コミュニティーとして、リーダーが人々のために祈らないようになった理由でもあります。もし、リーダーが続けて祈っていたら、毎週日曜日に同じ人のために祈ることでしょう。私たちは、キリストが払われた大きな代価のために、一度イェシュアの中に入り留まる必要があります。

イェシュアは**マタイの福音書6:10**でこのように言いました。「御国が来ますように、天であるように地にも御心が行われますように。」 彼は、私たちの永遠の運命に感情的なつながりを持たせようとしたのではありません。彼は、私たちが死ぬ日のために食欲をそそるのではなく、共同作業の関係に私たちを招いたのです。それは、ヤハウェの王国が到来するとき、それは私たちを通して行われるということでした。私たちは、ヤハウェの王国と地球という2つの世界をつなぐ神聖な存在なのです。

主の王国は、銀河や星や惑星を経由して、ただ現れてくるものではありません。その王国が現れる唯一の方法は、私たちが自分の中にあるものに気づいたときです。私たちがすべきことは、心を開いて、私たちの中にあるヤハウェの王国が地上にあふれ出るようにすることだと気づくとき、私たちに明かされ、また解き放たれたことを治め始めます。ここで重要な鍵となるのは、私たちが自分自身を愛し、尊重しなければならないということです。自分自身を見つめ、「あなたは生ける神の息子・娘であり、私が鏡を見るとき、私の姿が変容するのを見たい！」と言わなければなりません。

願望とは、謎に包まれた奥義の領域を追求するための超自然的な能力であり、それを探求するためには信仰が必要です。私たちが王国を願望し、

切望するとき、更に多く欲するようになります。そしてそれが大きくなるにつれて、私たちの願望もさらに大きくなります。主を食べると、主の王国がもっと欲しくなります。その世界を探求すればするほど、さらに欲しくなるのです。もし私たちがヤハウェの王国の完全さと、主の備えに関わり食べることができる食卓を持っているのならば、息子として退屈するようなことがあり得るでしょうか？もし退屈しているのならば、それはあなたが幕の間違った側、こちら側に住んでいるからなのです。

第10章

霊の中での出会い

　神様は本当に信じ難いことをされています。2012年当時、私はこれらの奥義の教えや概念の多くを初めて知りました。その時は、それらを理解できず、丘に向かって逃げたくなっていました。しかし、父なる神様が私の人生に驚異的な働きを始められ、今回、この本を皆様に読んで頂けるようになり、とても光栄に思っています。この本を私を個人的に指導して下さったイーン・クレイトンに捧げたいと思います。この章では、彼とともに歩んだ私の旅を少し紹介したいと思います。

　私たちは、信じるために理解するのではなく、むしろ、信じるからこそ理解することができるのです。この点を説明するために、私は以前、**ヨハネの福音書6:53〜56**の箇所を引用したことがあります。「 イエスは彼らに言われた。わたしの肉を食べ、わたしの血を飲む者は、永遠のいのちを持っており、わたしはその人を終わりの日によみがえらせる。わたしの肉は本当の食べ物であり、わたしの血は本当の飲み物だからです。わたしの肉を食べ、わたしの血を飲む者は、わたしの中にとどまり、わたしも彼の中にいる。」（NKJ の訳）イェシュアは、12人の弟子と1万5千人の男女の前に立ち、聖書に記録されている中で人々の怒りを買うような最も風変わりなメッセージを語られました。これにより、群衆は大いに気分を害し、立ち去ることを選んだのです。

弟子たちも恐らく不快に感じていたに違いありません。しかし、キリストの近くに居続けました。去っていった人たちは、気分を害したままでしたが、イェシュアはこの奥義を、弟子たちには理解できるようにたとえで話されたので、不快に感じながらも彼らは大切な啓示を受けとることができたのです。私たちがこの旅を続けていく中で、私たちの思いが挑戦される時には様々な物事や思考パターンに対処しなければなりません。しかし、そういう中でも、私たちは永遠のいのちをもたらす御言葉に耳を傾ける事にとどまり続けることが、私の心からの願いです。奥義の中に身を置くと、今日理解していることは、かつて啓示によってもたらされ、つまりそれが奥義に深く関係していたことがわかります。今、私たちが生きている事柄は、既に理解となっていますが、パリサイ人としてではなく、息子としてまさにそのことを実践して歩み始めなければ、理解することはできないのです。

　最近、私は教会を怒らせるような発言をしました。私は、「あなたがどれだけ多くの聖句を知っていたとしても、私は感銘をしない。そうではなくて、どれだけ多くの聖書の箇所があなた自身になったか、ということに私は感銘を受けるのです　。」と言いました。理解とは、単に思考的に何かに同意することではありません。聞いただけではなく、自分の中に蓄えられた啓示の完全さの中で生きるときに、真に理解することができるのです。パリサイ派の人々はこのことをよく知っていました。そのことを知っていながら、彼らは主を拒絶したのです。私たちは彼らに倣うのでしょうか？

　私たちは、聖書が私たちの天井ではなく、私たちの土台であることを理解する必要があります。なぜなら、聖書は奥義への入り口であり、

門であるからです。天地の創造主がご自身の全生涯を一冊の本に圧縮したなどと、どうして信じることができるでしょうか。私たちの問題は、教会としては、「聖書に書かれていないことは信じない。」と言っていることです。私はある集会で、私たちの聖書には含まれていないヤシャルの書（＊訳者補足：日本でも外典とされている書物）から話をしたことがあります。私たちの聖書には含まれていません。その集会である会衆の女性が後から私のところに来て、「あなたはその本から引用すべきではありません。」と私にアドバイスをしました。聖霊様はユーモアがあります。その時私に語られたのは、彼女に「ジョイス・マイヤーズ＊ の本を持っているかどうか聞いてごらん。」と言われたのです。
（＊訳者補足：アメリカで人気のある女性の説教者）

私が優しく彼女にこの質問をすると、彼女はすぐに「はい！」と答えました。読んでいるかどうかを尋ねたところ、彼女は「読んでいます。」と答えましたので、私は「その本は、聖書に含まれていないから読めないですよ！」と答えました。聖書は息子たちが座る土台であり、そこに書かれていることは、すべて神の本質を指し示しているということを理解し始めると、私たちは神との共同作業の関係に入ることができるのです。私たちが御言葉の中に位置するとき、聖書は生きて私たちに関わってきます。もし聖書が御霊によって読まれないと、戦いを引き起こしますが御霊によって読まれるといのちをもたらします。

父なる神が、地の基が築かれる前から私たちを知っておられ、ご自身の栄光のすべてを私たちに委ねられたことは、この上なく素晴らしいことです。本当の自分自身を理解し、父が私たちをどのような存在としてお創りになったのかを理解すると、他の誰かになりたいとは思わなくなるでしょう。

それはなぜでしょうか？それは、私たちには他の人が持っていないものがあり、その逆もまた然りだからです。天の父は、宗教や宗教的な考え方にうんざりされています。旧約聖書の契約の箱を複製して新約聖書を置き4つの壁で囲み、それを教会と呼ぶほど、宗教が教会を束縛してきたことを知っておられます。

ヨハネの福音書20:10～16には、マグダラのマリアが墓の中を覗き込んだとき、白衣を着た二人の天使が、イェシュアの体があった場所に一人は頭の近く、もう一人は足のところに座っているのを見たと書かれています。彼らは、イェシュアが復活する前に横たわっていたあわれみの座の両側に仕えているケルビムだったのです。彼女が振り返ると、庭師の姿が見えた様だったので、こう言いました。「あなたが主をどこに置いたか教えてください。主の遺体を取り戻しに行きます。」イェシュアが彼女の名前を呼ばれたとき、マリアは主がもたらした周波数のためにその場に崩れてしまいました。天の父は私に、イエス・キリストが眠る墓は契約の箱の形をしていることを示されました。その契約の箱の中には、ヤハウェの御臨在が完全に現れている状態でした。イェシュアが死からよみがえった後で墓を出たとき、ヤハウェの御臨在が契約の箱の外で完全に現れたのです。その時、ヤハウェが初めて被造物の中に住まわれたのだと私は信じています。

皆さんにここで一つチャレンジをしたいと思います。どうか、主を箱の中に戻さないでください。私たちが、その箱であり、ヤハウェの家であり、ヤハウェの天の門なのです。私はもう聖霊様を集会に歓迎する必要はありません。宗教家たちは、「では、あなたは誰を頼りに集会をしているのですか？」と言います。説明しましょう。私が集会に聖霊様を歓迎するということは、ある期間、聖霊様がそこにいなかったということです。聖霊様

は私たちの中におられるのではないでしょうか？聖書には、聖霊様は決して私たちを離れず、見捨てないと書かれています。**使徒の働き17:28**には、「私たちは、この方にあって、生き、動き、存在しているのです。」（NKJの訳）とあります。Beingという言葉は、「存在」という意味です。もし私たちが主の中にいないのならば、私たちは生きていません。私たちがイェシュアに「はい。」と答えたとき、私たちは死んで、イェシュアのいのちを吸い込んだのです。

　これが私のすべてを変えました。この道を歩むのに1年半かかりましたが、それはヤハウェの恵みとイーンとの交わりによるものでした。私がイーンの教えに腹を立てても、彼が私から離れなかったのは、ヤハウェがイーンに私の中の可能性を示してくれたからだと思い、とても感謝しています。ここ数年、私は彼と一緒に歩んできましたが、たとえ誰かがいかに異なるミニストリーやいかなる説教や教えをしようとも、彼は決して誰かのことを否定するようなことを言ったことはありません。これは、父親としての成熟度と、彼が私に与えてくれた恵みを示しています。彼は私との関係を大切にし、追求してくれました。突然、私が色々な霊的な出会いの機会を得るようになった時に、彼が教えていたことは、これらの出会いに見合うものであり、まさに永遠のいのちの言葉であることに気づかされました。

　2013年のある夜、私がベッドに入ると、一瞬にして30人の中国人の男女と一緒に地下の集会にいました。肉体においてか、霊においてそこにいたのかは、パウロが言ったように分かりませんが、私はただ、その過程を楽しんでいました。地下の集会にいる間、私は壁に触れ、雰囲気の匂いを嗅いでいました。イェシュアが私と一緒にいてくれました。その中国

の信者たちは、完全な沈黙の中で前後に揺れていました。イェシュアは私の手を取り、私たちの左手にあるゲートをくぐりました。そしてすぐに、同じ人々が全身でヤハウェを思いっきり礼拝しているのを見ました。彼らは天の体にアクセスし、御座の前でヤハウェに賛美と栄誉と崇拝を捧げ始めていたのです。私は教会での賛美は素晴らしいと思っていましたが、その地下の集会で彼らを見て、圧倒されました。彼らの礼拝のスタイルにとても刺激を受けました。

　私たちが部屋に戻って来ると、その中国人たちはまだ静かに前後に揺れながらヤハウェと関わっていました。帰り道、イェシュアは私に今回の出会いについて教えて下さいました。「なぜならば、ヤハウェがあなたに色々な奥義について学んで欲しいからなのです。」と語られたのです。中国人で救いを得た人たちは皆、霊の中での礼拝の仕方を教わるそうなのです。なぜなら、肉体の礼拝は許されておらず、逮捕される可能性があるからなのです。

　聖書は、**ヨハネの福音書4:23〜24**で次のように語っています。「しかし、真の礼拝者が霊と真理をもって父を礼拝する時が来ようとしており、今も来ているのです。神は霊であり、その礼拝者は霊と真理（＊日本語訳の聖書ではまこと。）で礼拝しなければなりません。」（NKJ の訳）私たちは、創造された全てのものが礼拝していることを忘れてはなりません。肉体だけで動いているのであれば、それは真理ではなく、偽りであることに気づきました。だからこそ、聖書は霊と真理と言っているのであり、その反対は、肉と嘘なのです。イェシュアは私に語りかけました。「息子よ、西洋文化の中で、あなたたちは肉の礼拝の仕方だけを学び、霊をないがしろにしてきました。あなたには、わたしの民にどのようにして霊の

様々な次元や領域にアクセスするかを教えて欲しいのです。わたしの中にあなたがいるように、あなたの中に私がいるのです。」私達は天の諸々の所に、キリストと共に座らせられているので、天や天の視点から動くには、何かが変わらざるを得ないのです。（＊エペソ2:6を参照/天は複数です。）私たちはもう、肉の礼拝をし続けることは出来ません、また、天に向かって「主の栄光でこの場所を満たしてください。」と叫ぶこともできないのです。

　ではなぜ私たちは教会として、天を自分達の方に引き寄せる様な礼拝や賛美の行動をするのでしょうか？それは、単にそうしなければならないと教えられてきたからですが、それは聖書の真理ではありません。聖書は、天の御国が近づいており、それは私たちの中にあると言っています。**ルカの福音書17:20〜21で**、かつて、パリサイ派の人々に神の国はいつ来るのかと尋ねられたとき、イエスはこう答えられました。「神の国は、あなたが注意深く観察しても来ないし、人々が『ここにあるとかそこにある』と言うこともない。なぜなら、神の国はあなたの中にあるのだからです。」（NKJ の訳）私たちが天に降りてくるように求める理由は、私たち自身が天にエンゲイジ（意図的に関わる）していないからです。苛立ちのあまり、少なくとも真実のかけらを得ることが出来るようにと、私たちは必死になって天に昇った息子たちに呼びかけます。つまり、私たちが実際に行っていることは、天にいる人たちに向かって　どうか、私たちの場所に降りてきてください　。」と言っているのです。しかし、このようなことは起こりません。なぜなら、私たちが天に昇ってくるように呼ばれていて、私たちはそこで礼拝できるからなのです。私たちが天に昇ると、父が何をしているのかを理解し始め、私たちの全体的な視点が変わります。

私は、この奥義の旅をしている皆さんを励ましたいと思います。今いる旅の場所で、あなたが前に進み続けて、全ての勝利を祝っているのであれば、あなたの居る場所でよいのです。ヤハウェは空中からの視点で私たちを見ておられるので、皆、同じように見えますが、成熟度の尺度がそれぞれ違うのです。そして、父は私たちに、成熟の度合いに応じてより大きな責任をお与えになります。それは私たちが理解しているからだけではなく、成熟していることにより父が私たちを信頼できるからなのです。私が学んでいる人々の教えの中には、これから起こることへの興奮をともなう霊の熱望を起こすものがあります。それは、その人たちは時間と空間の制限の外を歩いていて、同時に私自身の成熟度に合わせて聞くことも許されるからなのです。今、イーンが話していることは、彼が現在歩んでいるすべてではありません。彼は、私たちの成熟度に応じて教えてくれているのです。私たちは、ある教えを聞いて、「何だか、全くわからない！」と言うかもしれません。しかし、それは私たちが成熟に向かい成長しているということなので、良い場所にいるのです。今は私たちが理解していることも、かつては謎に包まれたことの啓示によってもたらされたのです。

これを、次のような例で見てみましょう。あなたに、次の学年にまもなく進級する3年生の子どもがいたとします。ある日、その子が家に帰ってきて「学校には、もう行かないよ。」と言ったとします。親として、「そうなの。そうだったら、家に居ていいわよ。」と、言いますか？そのようには言わないですよね。この文化の中でヤハウェと共に歩む私たちも、「リッキー兄弟が教えていることに違和感があります。どうしても、理解できないのです！」と言います。しかし、私たちの心地よさは、ヤハウェの優先事項ではないのです。また、私たちが聖霊に出会うには、自分の心地良い場所の外に出なければならないと私は信じています。聖霊が「慰め主」と呼ばれるのは、私

たちに慰めをもたらすからなのです。

　前の章では、私の国がひどい干ばつに見舞われていたときに、私が雲と関わったことを紹介しました。私は生まれて初めて、南アフリカ共和国のダーバンという地域で、ヤハウェから任されたポジションに就きました。それまでは地上に縛られていましたが、その時は違う視点で物事を見ることができました。5年の間にヤハウェは私に働きかけ、色々な縛りを解き放ち、私の心が成熟しているのを見て、さらに色々な事を教え始めました。そして、私の心の成熟を見て、「あなたに任せることができる 。」とおっしゃいました。私は天で与えられた座に着き、自分の街を見渡し始めました。その視点で初めて自分の街を見たとき、神に反するものがたくさんあることに気づきました。私は裁きの場に座って、自分の街を見ていました。イェシュアが私に語りかけ、こう言われました。「息子よ、あなたが見ている現状は、この地上に息子が欠けていることを如実に表しています。裁くのをやめて、治めなさい」つまり、私が自分の街を見て、混沌としているのが見えたのは、私自身の立場（ポジション）の反映だったのです。私がそれを見たとき、それはその時の私の姿を思い起させたのでした。

　今の私の街を見る時は、天の父の家から治めていますし、私が話すときには、イェシュアの中に位置付けされているので、力が伴っています。つまり、私が話すときには、まるでイェシュアが話しているかのようです。イェシュアと関係を持っていない人は、こういうことを決して試さないでください。私はただ、私に差し出された私の旅を皆さんに共有しているだけであり、**マタイの福音書7:15-20**に語られている事柄の実を私の人生で実際に見ているのです。私にヤハウェを見せて下さいと言われますが、「私を見たのなら、主を見たのです。」と答えられるようになりたいです。問題は、私た

ちが理解できないものを受け入れないために、水で極薄めて自分の理解まで落としたヤハウェを反映していることです。人々は私たちを見て、それがヤハウェの真の姿であると信じますが、実際には宗教の真の姿であり、私たちはそれを誤ってヤハウェと呼んでいるのです。私たちは、なぜ教会がこのような状態にあるのかと思いめぐらしますが、まず、私たちは、成熟の完全な尺度を受け入れていないことを認める必要があります。それは、自分たちが理解できないものを歓迎しないことによって起こっているのです。

イーン・クレイトンのような父親の教えの下に座って、その実を見ると、たとえ理解できなくても信じるようになり、拒絶するのではなく、いつかは本当に理解できるようになるのです。

私は創造物にそれほど魅力を感じていませんでしたが、ある日の夕方、美しい月の輝きに見とれていました。その月を見つめながら、異言で祈っていると、イェシュアが「息子よ、暗い空に浮かぶ月は、太陽の反射です。それは、太陽が存在するという暗闇の中で希望を与えてくれるものです。闇と混沌の中にいるあなたは、奥義に接続し、御子の内にある希望の真の反映なのです。」と、語られました。私たちは主の反映です！　それは、ヤハウェが私の上で輝いているのを見て、私が見たものを反映していたのです。そして、**イザヤ書60:1**「立ち上がり、輝け、あなたの光が来て、主の栄光があなたの上に昇るからだ。」（NKJの訳）という箇所に連れて行かれました。この聖句は、「起きて、反映せよ。」とは言っていません。「立ち上がって輝きなさい！」と言っているのです。

反映は真実ですが、反映よりも更なる深い真理があります。それは息子としての自覚であり、私たちは反映するのではなく、輝くことを求められて

いるのです。私たちが成熟していく過程で、私たちが出会っているものを無視してはいけません。また、奥義から遠ざかってはいけません。なぜなら、そうすると私たちは決して成長出来ないからです。居心地が良い場所、今の場所に留まり続けることになります。理解できない教えを聞いたとき、私たちは「そんなことは信じられない、今まで教えられたこととは違う。」と批判的な精神で反応します。しかし、そうではなくて、「私は充分に知っていると思っていましたが、明らかにそうではありませんでした。ヤハウェよ、あなたがどのように完全なお方であられるかの記録に足を踏み入れるにはどうしたらよいのでしょうか？もし差し出されている真理を受け入れるなら、それは私を自由にすることが出来ます。私には、その真理がずっと目の前に差し出されています。」と言うべきです。

　私たちの中で、最近、真理を体験して自由になった人たちはどれくらいいるでしょうか？あるいは、どれだけの人が真理を理解できなかったために拒否したのでしょうか？また、キリスト教と呼んでいる枠の中で生きているだけで、それを教会と呼んでいるのでしょうか？私が話す人たちの大半は、教会で傷ついたので教会には行っていないのです。それは、なぜでしょうか？それは、私たちが真理を輝かせていないからです。私が創造物だけでなく、人類の前に立ち、彼らを共に働く関係に導き、私のうちにおられる神と出会うことができるように、父は私の中にあるいくつかの事柄を取り扱い始めました。

　私は人生の大半でイェシュアのことを知っていましたが、真の意味で救いを体験したのは5年前からです。西洋文化では、「罪人の祈り」をすることで人々を主に導こうとしてきました。聖書には、祈りを唱えることで救われるとはどこにも書かれていません。人が救われるためには、**ローマ人への手**

紙10:9に「あなたがたが口で『イエスは主です』と告白し、心で神がイエスを死者の中からよみがえらせたと信じるならば、あなたがたは救われるのです。」(NKJ の訳) と書かれています。そのことは、愛する人が地上から天国に移ったときに、私たちのプレッシャーを軽減してくれます。「彼らは罪人の祈りはしなかったけれど、信じたのだ！」と言えるのです。ヤハウェの恵みは、そのように真に深いのです。

　恐怖心が私たちに影響を与えているように、頻繁に嘘をつく友人に、私たちはどのように接するでしょうか。私は長い間、自分の人生に実りがもたらされていると思っていました。それは私が癒しの賜物の中でミニストリーをしていたからです。ある日、私はシティセンターで、人々に祈りが必要かどうか尋ねていました。ヤハウェの国の現れが、癒しで具現化されるのを見て、彼らは近くのモールに駆け込み、他の人に呼びかけて、魔術師の人々が病人を癒すのを目撃したと話していました。私はアフリカに住んでいるので、このようなことはよくあることなのです。神はご自身を弁護する必要はありません。ある女性が地元の病院に行くためにタクシーに乗ろうと通りかかったとき、人々が私のことを話しているのを聞きました。彼女は列をかき分けて私の前に立ち、泣きながら話してくれました。彼女は妊娠8カ月で、数日前に胎児が子宮の中で死んでいることがわかったのです。しかし、堕胎手術の予約を取るのに数日待たなければならず、その結果、自分が死ぬのではないかと不安に怯えていたのでした。出血している彼女の子宮に手を当てると、イェシュアが「死を逆転させて、命を祈りなさい。」と言っているのを感じました。私が祈っていると、赤ちゃんが生き返り子宮の中で蹴っているのを感じました。この女性は、自分の中に命を感じてとても恐ろしくなり、飛び退きました。私がサンゴマ（魔術の医者）であると思い恐れて、自分には触ってほしくないと思ったのです。

実際には、ヤハウェの力が彼女に臨み、死んだ赤ん坊を彼女の中で生き返らせたのです。

その奇跡の後、私は自分が霊的な高嶺に到着したと思いました。私はこの賜物でミニストリーを始め、多くの人々がヤハウェに触れられるのを見てきました。私はイェシュアとの間には距離を感じていたものの、それでも、この癒しの賜物は働いていました。**ローマ人への手紙11:29**には「神の賜物とその召しは変わることがないからです。」（NKJの訳）と書かれています。私が教会の集会で奉仕していると聞けば、あちらこちらから人が集まってきます。車椅子に乗っている人もいて、ヤハウェの臨在がその人の上に臨むと、車椅子から立ち上がりました。生まれつき耳が聞こえなかった6歳の女の子が聞こえ始めました。初めて音を聞いた彼女の顔には、驚きの表情が浮かんでいました。私は私が持っていた賜物のおかげで、ヤハウェの栄光が現れているのを見て、とても興奮しました。

しかし、私は自分の癒しの賜物を中心としたミニストリーを作り始めていたのです。それが実現し始めたとき、ヤハウェは私に「あなたの賜物のミニストリーを、わたしはやめて欲しいのだ！」とおっしゃいました。さらに、続けて「息子よ、『わたしのところに来た者は皆、癒された。』と、聖書に記録されているのであり、『わたしは、病気の人々を探しに行った。』とは、書かれていない。」ともおっしゃいました。

聖書の中で、イェシュアが病人を探しに行った場所を探してみてください。彼はベテスダの池に行きました。そこには何千人もの病気の人や困っている人たちがいました。彼は一人だけを癒されました。もしイェシュアが今日ここにいて同じことをしたら、私たちは皆、イェシュアが一人だけを癒して他の群衆をそのままにしたことを批判するでしょう。しかしその理由は、

イェシュアがご自分のアイデンティティの中で歩んでおられ、父がなさることだけをなさったからです。もし私たちだったら、大勢の病人を見て、おそらくその場所でキャンプを張り、全ての人が癒されるように祈りを捧げたに違いありません。

　この過程で、私はイェシュアが憐れみ深い心を持っておられることを学びました。彼はあわれみの心を持って、すべての人に対応されました。血の問題を抱えた女性が期待を持ってイェシュアに触れたとき、それは父の心を引き寄せ、父と子は一つなので、イェシュアは彼女の感触を感じたのです。はたして、私たちのうちの何人が、礼拝中にイェシュアに触れることができて、その時に主が振り返ってくださり、その御顔を私たちが見つめることができるという期待感をもって、礼拝で実際にイェシュアに触れているでしょうか？**第2コリント人への手紙3:16**には、「しかし、だれでも主に向くときには、必ず覆いが取り除かれます。」（NKJの訳）と書かれています。

　覆いを取り除いてから顔を上げるようにと教えられてきましたが、なぜ私たちはいまだに顔に覆いがかかり見えない状態で歩いているのでしょうか？主に向いた人だけが、覆いが取り除かれて、今見たものを現すことができるのです。私たちは、主を見ていないのです。私たちは宗教を見て、宗教を現し、それを教会と呼んでいるのです。

　イェシュアは、準備ができていない人には啓示を隠し、準備ができている人には啓示を明らかにするたとえ話が、**ヨハネの福音書5:31〜34**には書かれています。「もし私が自分自身について証言するなら、私の証言は有効ではありません。私のために証言してくれる人がもう一人いて、その人の私についての証言が有効であることを私は知っています。あなたがたが、ヨハネに人を送ったところ、ヨハネが真実を証言してくれました。私

は人間の証言を受け入れるわけではありませんが、あなたがたが救われるためにそれを述べるのです。」(NKJの訳) イェシュアは、人間の証言を受け入れず、私たちから真理を隠しているのではなく、むしろ私たちのために真理を隠しているとおっしゃっているのです。

ヨハネの福音書5:36～40にも出てきます。「私には、ヨハネの証言よりも重い証言があります。それは、父がわたしに完成させるようにと与えられ、わたしが行っている働きそのものが、父がわたしを遣わしたことを証しているからです。また、わたしをお遣わしになった父ご自身が、わたしについて証言されています。あなたは主の声を聞いたこともなく、主の姿を見たこともありません。あなたがたは、主が遣わされた方を信じていないので、あなたがたの中に言葉も宿っていません。あなた方が熱心に聖書を研究しているのは、聖書によって永遠のいのちを得られると考えているからです。これらの聖書は、わたしについて証言しているのですが、あなたがたは、いのちを得るためにわたしのもとに来ることを拒んでいます。」(NKJ の訳)

この聖句の部分を現代風に表現するために、単語の一つを入れ替えてみましょう。"あなた方は、**ポッドキャストの教え**(*ポッドキャストは、ラジオのようにメッセージを聞けるアプリ)を熱心に研究している。それらを学ぶ事で永遠ののちを得ると考えています。これらの**ポッドキャスト**はわたしについて証言しているが、あなたがたはわたしのもとに来ていのちを得ようとしない。" 私たちはこの聖句を読んで、パリサイ派の人々がどうしてこのような行動をとったのかと疑問に思ったことがあると思います。しかし、ある単語を置き換えたことで、実はこれは、まさに自分達に語られているのに気づかれたのではないでしょうか？

更に続けると、**ヨハネの福音書5:41～47**にも書かれています。「わたし

は人からの賛美は受けないが、あなたがたを知っています。あなたがたの心には神の愛がないことを、わたしは知っています。わたしは父の名によって来ましたが、あなた方はわたしを受け入れようとはしませんでした。しかし、誰かが自分の名によって来れば、あなた方はその人を受け入れます。互いに賛美を受けながら、唯一の神からの賛美を得る努力をしないのであれば、どうして信じることができるでしょうか。しかし、わたしが父の前であなたがたを告発するとは思わなくてよいのです。あなたがたの告発者は、あなたがたが期待をかけているモーセです。もしあなたがモーセを信じるなら、わたしを信じるでしょう。モーセはわたしについて書いているのです。しかし、彼が書いたことをあなた方は信じないのだから、わたしの言うことをどうやって信じることができるでしょうか。」（NKJ の訳）

イーンと一緒に歩むようになってから、彼は私にとって真理の入り口となり、彼が関わっている人々と関わることができるようになりました。彼はいつも私をヤハウェに導いてくれます。私たちは、トレード（取引/交換）に関する啓示を受けているので、彼が語ってくれるものとトレード（取引/交換）します。私たちが啓示を受けて取引するのは、成長して成熟したいからです。聖書に関する知識や情報だけで満足せずに、それが、本当に自分の一部になって欲しいからなのです。

私たちが手放したくないもの、それは地球の神です。**マタイの福音6:24**には、「だれでも二つの主人に仕えることはできません。一方を憎んで他方を愛するか、一方に献身して他方を軽蔑するかです。神と金の両方に仕えることはできません。」（NKJ の訳）と書かれています。 イェシュアはサタンのことは言わずに、お金のことを言われました。

なぜなら、ダビデは**第二サムエル記24:24**で「いいえ、どうか私に支払

わせてください。私は自分の神である主のために、私自身で火の捧げものをします。無料であってはなりません。」（NKJの訳）と言いました。ダビデは犠牲ということを理解していました。イーンは、私たちのために奥義の領域や次元が開かれるように人生を生きてきた人物ですが、西洋文化圏の私たちは、「ただ、与えてください。」と言っています。

最近、私はヤハウェと驚異的な出会いがありました。私は神の国、天の国の視点から生きているので、それが朝起きる理由になっています。**エペソ書2:6**には、「神は、私たちをキリストとともによみがえらせ、キリスト・イエスにあって天の領域に座らせてくださいました。」（NKJの訳）と書かれています。私たちは、地上に足をつけて生きる必要があり、死が天国へ行くための救世主であるかのような偽りを教えられてきました。そのため、敵の働きに反応して生きることになり、イェシュアの名の元に天に踏み込むのではなく、その副産物でしかないはずのもののまわりにミニストリーを形作ってきました。

ギリシャ的な思考/リニア的思考（ヘブル的思考はサークル）から脱却しなければなりません。なぜなら、私たちは物事をカテゴリーに分けて考えるようになり、それはバベルの塔の時代のポジションに戻ることになるからです。つまり、DNAの変化によって分離(*補足：人種、言語等々)が行われるようになった所に位置づけをする事になります。

2013年に、私はダビデ王と一緒に時間を過ごし、彼が持っていた詩篇の油注ぎと、イェシュアに対する愛について教えてもらいました。ダビデ王は、ヤハウェの心に大きな影響を与えたので、永遠にイェシュアはダビデの子と呼ばれています。彼の存在によって未来が変わるほどの影響を与えたので

す。彼は、**詩篇34:3**にこのように書いています。「私と共に主を拡大し、共に主の御名を高めよう。」（NKJ の訳）私はこの一行が頭から離れませんでした。「すでに充分すぎるほどに大きな存在である御方を、いったいどうしたら更に大きくすることができるでしょうか？すでに巨大なものを、どのようにして大きくするのでしょうか？」

子供の頃、多くの人が虫眼鏡/拡大鏡で、紙や乾いた棒に太陽の光を反射させていました。しばらくすると、煙が出てきて、次に炎が出てきて、燃えるような火になります。このようにして、天の父は私に、次のように教えてくださいました。「巨大な太陽を虫眼鏡/拡大鏡を通して、さらにそれを地球に影響を与え始めるまで、一カ所に集約したのだ。」と。それは、すでに燃え始めたのです。そして私に、更に「あなたは、わたしの中にポジショニングして、あなたの内なる火が地球上で燃え始めるようにしなさい。それは、"わたし（ヤハウェご自身）"という存在のしるしと不思議さ"により人々を引き寄せて、その人たちもわたしとの共同の働きの関係に入ることができるようになるのです。この地上には一人のキリストではなく、何十億人ものキリストが、"わたし（ヤハウェご自身）"を完全に現して活動し、この地上が最初にあった元の状態に戻れるようにするのです。」とおっしゃいました。

あなたは目的があってここにいるのです。役立たずだと言われても構いません。あなたは、間違ってそこにいるのではありません。主は、母の胎内で、あなたをご自分の似姿に合わせて形作り、造り上げてくださいました。神は、**エレミヤ書1:5**でエレミヤにこのようにおっしゃいました。「胎内であなたを形造る前から、わたしはあなたを知っており、あなたが生まれる前から、わたしはあなたを定めた。」（NKJ の訳）これは、あなたが

自分のことを知っていると思う以前に、天から生まれて来たあなたのことを知っておられたということです。今、地上にいるあなたには、天から地上を治める責任があるのです。なぜなら、あなたがヤハウェとの関係の中で担っている神の国のガバメント/政府によって、物事がシフトし始め、物事が揺れ動き始めているからです。そして、その現れをあなたは見るようになります。

　私の旅は、最初に腹を立ててから、その怒りを捨てようと決心するまでに4年の歳月がかかりました。奥義の領域に足を踏み入れたとき、私は天の父にこう言いました。「私がもっと欲しいと再び叫ぶとき、実はあなたの中にある不思議なこと、奥義をもっと求めているのです！あなたの満ち満ちた様を私が解き放つことができるように、あなたがこの地上でどのような存在であるかを、私は見たいのです！」私たちはこのことをやっと正しく理解してきています！私は、とても興奮しています。それは、私たちのために、そしてこれから起こることのためになのです。私たちは実際に初めて真理を手に入れ、地上でその現れである実を見つつあるのだと信じます！

リッキーについて

リッキーの心は、ヤハウェの息子としての日々の歩みについて人々に挑戦し、励ますことです。彼は天の国での色々な出会いや体験から、息子として正しくポジショニングすることの重要性や、息子としてどのように治めるか、また彼自身の信仰の旅と宗教的な霊からの脱却について学んだことを共有しています。

リッキーはメラニーと結婚し、2人の子供に恵まれ、南アフリカ共和国のダーバンに住んでいます。

Seraph Creativeは、アーティスト、ライター、神学者、イラストレーターの集まりで、キリストの体が完全に成熟し、地上における神の息子としての相続分を地上で歩むことを願っています。

ニュースレターに登録すると、次の作品の発売やその他のエキサイティングなリリースについて知ることができます。

私たちのウェッブサイトを、ぜひご覧ください。

www.seraphcreative.org

www.ingramcontent.com/pod-product-compliance
Lightning Source LLC
Chambersburg PA
CBHW070108120526
44588CB00032B/1384